FRANCISCO, LOS JESUITAS Y LOS PECADOS DE LA IGLESIA

JORGE BLASCHKE

FRANCISCO, LOS JESUITAS Y LOS PECADOS DE LA IGLESIA

Si usted desea que le mantengamos informado de nuestras publicaciones, sólo tiene que remitirnos su nombre y dirección, indicando qué temas le interesan, y gustosamente complaceremos su petición.

Ediciones Robinbook
información bibliográfica
Indústria, 11 (Pol. Ind. Buvisa)
08329 Teià (Barcelona)
e-mail: info@robinbook.com

www.robinbook.com

© 2013, Jorge Blaschke.
© 2013, Ediciones Robinbook, s. l., Barcelona
Diseño de cubierta: Regina Richling
Ilustración de cubierta: iStockphoto
Diseño interior: Cifra

ISBN: 978-84-9917-320-7
Depósito legal: B-11.912-2013
Impreso por Sagrafic, Plaza Urquinaona, 14 7º 3ª, 08010 Barcelona

Impreso en España - *Printed in Spain*

A Pepita Sivilla que me aconsejó, me informó y me
recordó hechos que yo tenía olvidados.

Al *Il fatto Quotidiano* y sus fuentes de información.

ÍNDICE

NOTA DEL AUTOR

Por coherencia y sinceridad con el lector debo manifestar que no soy creyente. Si los lectores desean encasillarme en alguna convicción me confesaré cientificista. Lo mismo le dije al cardenal Tarancón hace años y a monseñor Martínez Somalo, el que fue camarlengo. Pude disfrutar de la confianza del primero en una larga conversación y la cordialidad del segundo que me invitó al Vaticano para gozar de la visita a su excelsa y extraordinaria biblioteca, invitación que acepté.

No tengo una visión subjetiva sobre las religiones, ya que con toda seguridad he leído lo que ni siquiera han ojeado muchos creyentes: casi todo los libros sagrados de todas las religiones y creencias.

Soy humanista, respeto y tolero todas creencias, siempre y cuando esas religiones, y sus movimientos paralelos, también sean tolerantes con mis principios científicos y mis opiniones.

Si existe Dios y algún día estoy ante su presencia en el más allá, me limitaré a exclamar como Bertrand Russell, ante su hipotética presencia ante Dios después de muerto: «¡Oh Dios! No nos distes suficientes pruebas».

El papa Francisco, creamos o no creamos en su religión, representa la fe que tienen alrededor de 1.200 millones de personas católicas en este planeta. Y, aunque carezcamos de esa fe que mueve a esos millones de personas, debemos reconocer su influencia en el mundo. Así como la importancia que las decisiones papales tendrán en millones de seres, y la esperanza que representa este líder de la Iglesia para muchas de las personas que viven en países conflictivos donde se les persigue por sus creencias e ideologías. O en los seres que están sumidos en el sufrimiento, el hambre y la enfermedad.

El líder de una Iglesia tan importante no acontece y transcurre sin dejar huella en la historia. Ni gobierna sin despertar interés entre la sociedad más agnóstica por el hecho que sus decisiones pueden afectar, y afectan, a la economía y la política internacional. Por este motivo estamos, a priori, ante un estadista más al que debemos otorgar un voto de confianza, pero también exigirle una ejemplaridad intachable más rigurosa y fundamental que a la de los políticos que nos gobiernan que, al fin y al cabo, sólo representan a un partido político terrenal y no una creencia en el más allá.

PRÓLOGO

Sorprende que ningún medio informativo advirtiese que el nuevo papa Francisco carecía de divisa. Es el primero en 112 papas que no tiene divisa desde Celestino II, por la sencilla razón que se han agotado.

Malaquías otorgó 112 divisas que fueron recayendo en los papas que siguieron a Celestino II. Quiero recordar las divisas de los últimos seis papas: *Pastor Angelicum* para Pío XII; *Pastor y Nauta* para Juan XXIII; *Flos Florum* para Pablo VI; *De medietate Lunae* para Pablo I; *De Labore Solis* para Juan Pablo II; y *De Gloria Olivae* para Benedicto XVI.

Gloria Olivae es la última divisa, la ciento doce, Malaquías no profetizó ninguna más por el hecho que daba por terminados los papas, y que tras *Gloria Olivae* vendría *Petrus Romanus* nuevamente para dirigir la Iglesia de Roma en un momento en que corría serio peligro la institución religiosa.

La realidad es que si uno lee detalladamente la profecía de Malaquías, y la he leído, indudablemente Benedicto XVI tendría que ser el último papa, pero tampoco la profecía especifica si habría papas entre *Gloria Olivae*, es decir Ratzinger, y *Petrus Romanus*. Concurre otra circunstancia en esta profecía, y es el hecho que Benedicto XVI no ha fallecido, sigue vivo. Y, por tanto, de algún modo el último papa sigue existiendo.

La profecía de Malaquías es compleja, y muchos vaticanistas han visto en ella, no el final de la Iglesia, sino un cambio, un nuevo renacer, un nuevo empezar que la lleva por su verdadero camino según los deseos de Jesucristo.

En este sentido tendríamos con el papa Francisco, no un simple giro, sino un comienzo nuevo, un regreso a los orígenes. Francisco es el primer papa argentino de la historia, también es el primer papa que pertenece a la Compañía de Jesús, el primer papa que desde hace 719 años es elegido tras la renuncia de su antecesor. Como ya hemos dicho es el primero en 870 años que carece de divisa. También es el primer papa en el que su antecesor, aún vivo, le ha traspasado documentación con, teóricamente, los datos de todos los males que aquejan al Vaticano y a la Iglesia católica. Es el primer papa que comparte oración con su antecesor y dialogan juntos por primera vez desde hace seis siglos.

Jorge Mario Bergoglio, papa Francisco, es el primer papa que tras muchos años de inmovilismo augura un giro en la Iglesia católica, especialmente en el entorno del Vaticano. Es el primer papa que hace suponer la presencia de los jesuitas en el Vaticano y su regreso a las relaciones con Roma tras años de marginación. Es el primer papa del que se espera una restauración de las relaciones con los teólogos de la Liberación tan abundantes en Latinoamérica. El traspaso de los papeles Vatileaks servirá para orientar a Francisco para acometer los problemas de corrupción y escándalos sexuales que acechan al Vaticano. La nacionalidad argentina de Francisco será un hándicap para el crecimiento del catolicismo en Latinoamérica y el acercamiento de este continente a Europa.

No cabe duda que el ascenso de la Compañía de Jesús y su regreso al Vaticano será en detrimento del Opus Dei, el Camino Neocatecumenal y Comunión y Liberación, favorecidos por los papas anteriores. Los jesuitas causan recelos en algunos sectores de la Iglesia más conservadora.

La elección de Francisco como papa ha originado que la Iglesia esté de moda, que reabra la esperanza de muchos católicos y creyentes en un cambio que ofrezca algo más que palabras y pompa; que especialmente tenga en cuenta a los más pobres y marginados del mundo.

INTRODUCCIÓN

«La estirpe, a la que ha sido confiada la tutela de la entrega de las llaves, se reúne aquí, dejándose circundar por la policromía Sixtina de esta visión que Miguel Ángel nos ha dejado. Así fue en el agosto y después en el octubre del año memorable de los dos cónclaves, y así será todavía cuando se presentará la exigencia tras mi muerte.»

Juan Pablo II en *Tríptico Romano*, aludiendo al momento en que los cardenales se reunirán para nombrar a su sucesor que sería Benedicto XVI.

En alredor de cuarenta y cuatro hectáreas repletas de arte y jardines en los que se respira quietud y reposo, entre edificios en los que se manejan asuntos de Estado y vicisitudes de todo el mundo, surge un complejo monumental que muchos denominan la Embajada de Dios, el Reino de Cristo en la Tierra, la Ciudad Eterna, pero su verdadero nombre es Vaticano.

Por encima del Tíber los rayos del sol iluminan la cruz que corona la Basílica de San Pedro. Y más tarde bañarán el obelisco de 23 metros ubicado en medio de la Plaza de San Pedro, la más visitada del mundo. Este enorme monolito, traído a Roma por el emperador Calígula Nerón, fue colocado por 90 hombres y 400 caballos. Nerón lo iluminaba con cristianos que eran utilizados como antorchas humanas, fue un monumento a cuya sombra fueron sacrificados muchos creyentes. Hoy los soldados romanos han sido sustituidos por la Guardia Suiza, cada uno con su espada o pica medieval como única arma visible, todos hijos de familias católicas. Con sus cascos de acero y almidonadas gorgueras, lucen unos uniformes de vivos colores —azul, naranja y rojo—, según dicen diseñado por Miguel Ángel. Su cuartel es un discreto edificio situado frente a la iglesia parroquial Sant'anna dei Palafrenieri, construida en 1573.

Fueron 115 los cardenales que salieron de la sala Ducal y pasaron a la capilla Paulina, seguían al maestro de ceremonia precedido del Camarlengo. Los cardenales iban por parejas, todos vestidos con sotanas, capas y birretes escarlatas. Son los príncipes de la Iglesia, algunos de gran sabiduría, con varias carreras. Los había que destacaban por su gran sibaritismo y nobleza en su estilo de vida. Algunos viven en palacios, otros en modestos apartamentos. Unos tienen catedrales y otros humildes iglesias. Entre ellos algunos pecadores o encubridores de escándalos vergonzosos. El mundo seguía el acontecimiento a través de la televisión e Internet. Cientos de personas habían acudido a la Plaza de San Pedro para asistir a la elección del nuevo papa, para ver surgir la «fumata blanca» que anunciaba un *Habemus Papam*. Los vaticanistas cruzaban apuestas sobre los cardenales con más posibilidades y los medios informativos apostaban por uno u otro cardenal, según ellos, mejor situado y con más posibilidades para acceder al Trono de Roma. Todos fracasarían en sus pronósticos, el Cónclave escondía una sorpresa sobre la identidad del nuevo papa.

Poco a poco entraron en la Capilla Sixtina profusamente iluminada, un lugar que ha sido en los últimos cien años el marco de las elecciones papales. Su suelo ha sido cubierto por una alfombra de color marrón claro. Ante el altar una mesa revestida de púrpura, al lado una mesa y sillas para los encargados del escrutinio. Tras el altar cuelga un tapiz que representa el primer Pentecostés y más arriba el *Juicio Final* de Miguel Ángel que se eleva hasta el techo.

El día anterior la Capilla Sixtina había sido rastreada por expertos en vigilancia electrónica en busca de aparatos grabadores o micrófonos transmisores. Siempre cabe la posibilidad que algún país o algún medio informativo pueda someter al Cónclave a espionaje electrónico. En una elección anterior un cardenal escondió un micro en un botón de su sotana, en esta ocasión los cardenales también han sido inspeccionados electrónicamente, eso sí, con suma discreción.

Finalmente los cardenales se sentarán en sus asientos mientras una voz ordena: «Extra monees», para que salgan los miembros del coro, invitados y personas ajenas a la votación. Las puertas de madera se cierran: El Cónclave da comienzo.

Los Cónclaves fueron creados en el siglo XIII. Era una época en que los cardenales estaban desunidos y que tenían continuos enfrentamientos públicos entre ellos. Hoy estas desuniones y enfrentamientos son más discretos. En aquellos tiempos lograron reunirse en Perugia para elegir al sucesor de Inocencio III, muerto en 1216. Las autoridades locales les cerraron con llave las puertas y los cardenales se vieron obligados a ponerse de acuerdo y elegir un papa si querían salir. Honorario III fue elegido. Los Cónclaves pueden ser de corta y larga duración. Uno de los más largos, cincuenta días y un centenar de votaciones, fue el que tenía que elegir al sucesor del papa Pío VIII, su sucesor, el cardenal Alberto Cappellari, no recibió el primer voto hasta pasado un mes de Cónclave. En cuanto al Cónclave más corto de la historia fue el que eligió al papa León XIII, cardenal Vincenzo Gioacchino Pecci, que salió con tan solo tres votaciones. Pero aún fue superado por la elección de Pío XII, el cardenal Eugenio Pacelli, que en la segunda vuelta de las votaciones obtenía la mayoría necesaria para ser papa, sería el Cónclave más rápido en trescientos años.

Se requiere los dos tercios de los votos para que un papa salga electo. Si tras treinta votaciones nadie ha obtenido los dos tercios, se procede a elegir al futuro papa por mayoría simple.

Cada príncipe de la Iglesia dispondrá de una papeleta en cuya mitad superior está escrito: «Eligo in Summum Pontificem». En ella escribirán en secreto el nombre del elegido. Luego procederán a doblar la papeleta y la llevarán al altar sobre el que hay una urna, donde la depositarán. Tres cardenales actuarán de asistentes en el proceso electoral, y cada tres días serán cambiados.

En marzo de 2013 se procedió a la elección de un nuevo papa, una elección sin ceremonia de defunción al anterior pontífice ya que este, Benedicto XVI, en una decisión con dos escasos precedentes históricos, había renunciado a su cargo y contemplaba desde la lejanía como elegirían a su sucesor. El cuerpo de Benedicto XVI no sería, en esta ocasión, colocado en un triple ataúd de madera de ciprés con una capa de plomo y una parte exterior de madera de olmo, ni sería expuesto a los fieles en la entrada de la Basílica de San Pedro. Por ahora se desconoce el ritual que se efectuará cuando Ratzinger fallezca.

Del número 34 de la plaza Santa Chiara, ubicada detrás del Panteón, saldrían dos días antes del encierro en el Cónclave, las vestiduras papales. Tres tallas, incluidos diversos números de zapatillas de terciopelo rojo con una pequeña cruz de oro cada una. Además del ceñidor de seda, una estola roja bordada en oro, un solideo blanco, medias blancas de algodón y otras prendas. Eran ropas sin terminar, con sus dobladillos sujetos por imperdibles, ya que todo será rematado momentos antes de que el Pontífice salga, por primera vez, al balcón central de San Pedro.

Tras cada votación las papeletas son quemadas; hasta 1550 se hacía en una *focune* encendida en el interior de la Capilla Sixtina. El papa Julio III, que era un amante del arte, temía que el humo pudiera dañar los frescos de la Capilla Sixtina, e hizo instalar, para los futuros Cónclaves, una estufa cuya chimenea se extendía fuera del edificio. Esto originó que los fieles se congregaran en la Plaza de San Pedro para contemplar el tradicional humo negro que indicaba una votación infructuosa, y el humo blanco que indicaba que se había elegido un papa. Cada vez que aparece humo en la chimenea un inmenso grito recorre la plaza de San

Pedro: «¡Fumo!, ¡Fumo!» Cada vez que aparece una espesa columna negra surge la decepción entre la muchedumbre que aguarda. Hasta que llega el momento en que la multitud de fieles grita: «¡É bianco!». Tras la elección del nuevo papa el cardenal decano tendrá que preguntarle: «¿Aceptas tu elección canónica para Sumo Pontífice?» Una vez ha recibido su consentimiento le preguntará: «¿Cómo quieres ser llamado?».

El 13 de marzo, tras cinco votaciones, era elegido papa Jorge Mario Bergoglio, el primer pontífice latinoamericano de la historia y el primer jesuita papa. El arzobispo de Buenos Aires, de 76 años, ejercerá su pontificado bajo el nombre de Francisco. No dispondrá de divisa ya que las 112 profetizadas por Malaquías, desde Celestino II, se han agotado. Será el primer papa en 870 años que carece de divisa. También será el primer papa en 719 años que es elegido tras la renuncia de su antecesor.

Desde el balcón central de San Pedro el protodiácono anunció a los que esperaban en la Plaza de San Pedro: «Annuntio vobis gaudium magnum, habemus papam». A continuación dijo su nombre y Francisco impartió la bendición *Urbi et orbi.*

El mundo de los cristianos tenía papa, pero los teólogos y los medios de información se formulaban muchas preguntas: ¿Quién era el nuevo papa y qué tendencias tenía? ¿Por qué había renunciado Benedicto XVI? ¿Qué contenían los documentos denominados Vatileaks? ¿Cómo reaccionaría el Opus Dei o el Camino Neocatecumenal u otros movimientos ante el ascenso de los jesuitas en el Vaticano? ¿Intentaría el nuevo papa resolver los problemas conspirativos, corrupción, escándalos sexuales que acechan al Vaticano? ¿Existía un contubernio masónico en el Vaticano? ¿Había una conspiración para asesinar a Benedicto XVI? ¿Correría la misma suerte Francisco que Juan Pablo I al intentar realizar una «limpieza» en el Vaticano?

UNO

Una renuncia inesperada

«No podéis servir a Dios y al dinero.»

Mateo 6:24

¿POR QUÉ RENUNCIÓ BENEDICTO XVI?

El 11 de febrero de 2013, Benedicto XVI sorprendía al mundo anunciando su renuncia. Clérigos y fieles palidecían ante un hecho que no había acaecido en la Iglesia católica desde hacía 598 años. El 28 de febrero del mismo año, la sede de Roma quedó vacante. Ratzinger ya había dado pistas de esta renuncia cuando en un discurso anterior había dejado ir este extraño párrafo: «Las aguas bajaban agitadas, el viento sopla en contra y Dios parece dormido...».

No se sabe con exactitud qué factores llevaron a que Ratzinger decidiese dimitir como papa. Es evidente que influyó la edad, su estado de salud, las luchas internas que acaecían en el Vaticano, los documentos conocidos como Vatileaks, los escándalos sexuales que sucedían en diferentes lugares del mundo, el maldito IOR y sus oscuras fianzas, la responsabilidad de llevar dignamente el papado, la desconfianza en los que le rodeaban y un sin número de problemas que desbordaron psicológicamente la fuerza de un papa que, en el fondo, es un ser humano como cualquier otro. Un papa que en sus épocas de cardenal era conocido como el «panzerkardinal» o «cardenal de hierro», este último apodo haciendo alusión a la película de Clint Eastwood

El sargento de hierro. Tal vez algunos teólogos pensaban que debía dimitir dado su estado de salud, su edad y los escándalos que le envolvían. Hans Küng ya pensaba que el anterior papa, Juan Pablo II, debía dimitir, el famoso teólogo alemán había dicho textualmente: «Este papa decrépito que no renuncia a su poder, es para muchos católicos y no católicos el símbolo de una Iglesia anquilosada y envejecida tras su brillante fachada». Umberto Rosi también había dicho: «No puede moverse y está tembloroso; no es una buena imagen para la Iglesia». También Casiano Floristán, teólogo emérito de la Universidad Pontificia de Salamanca creía que no era bueno que un papa enfermo dirigiera los destinos de la Iglesia católica, y que si esto concurría, debía dimitir.

Pese a estos comentarios que apuntaban a la necesidad de su renuncia, Juan Pablo II no dimitió, y su pontificado fue el segundo más largo de la historia, excluyendo el de san Pedro, que según la tradición duró entre 34 y 37 años. El más largo corresponde a Pío IX que fue papa 31 años, 7 meses y 17 días, falleciendo a los 85 años.

Para algunos la renuncia de un papa no es posible y no han visto con buenos ojos la de Benedicto XVI. El historiador británico John Julius Norwich destacó: «Cuando uno es papa, no se retira como el director de un banco; está consagrado, es el elegido por Dios». Cree, Norwich, que al nuevo papa Francisco, le van a pedir que firme un compromiso de que va a continuar hasta su muerte. Algunos vaticanistas aseguran que Juan Pablo II ya firmó una carta lacrada con una dimisión sin fecha, una carta que hace referencia a una incapacidad mental, y que dicha carta estuvo en poder de la Secretaría de Estado.

La realidad es que la Santa Sede es una monarquía absoluta de derecho divino, ya que el poder del Pontífice proviene, según la Iglesia católica, directamente de Dios.

¿Ha quitado Dios ese poder a Benedicto XVI? ¿Escuchó Benedicto XVI un mensaje de Dios que le autorizaba a renunciar de su cargo? Sea cual se sea la respuesta, el papa tiene poder para decidir su renuncia.

La ley vaticana asegura que el poder reposa exclusivamente sobre el papa. Los cánones 333 y 335 dicen que sólo el Pontífice tiene el poder total y supremo sobre la Iglesia católica en todo el mundo y sobre los fieles, potestad que puede ejercer libremente como heredero del primero de los apóstoles. Por tanto, nada impide que decida renunciar. La ley vaticana es tan absoluta que señala que si muere el papa no se podrán modificar sus enseñanzas en materia de dogma, doctrina, fe y ética. El canon 335 destaca que «(...) cuando la Silla de Pedro, esté vacía o el papa esté completamente impedido, no se puede hacer ninguna innovación en el gobierno de la Iglesia universal». Pero ahora concurre que el papa no está muerto, no está impedido. ¿Podrá el papa Francisco realizar innovaciones en el gobierno de la Iglesia que ha heredado?

La realidad es que la renuncia de Benedicto XVI ocasiona algunos problemas. Dicen los expertos que el sucesor tendrá serias dificultades por el carisma del papa anterior, pero Ratzinger no ha mostrado ser un papa muy carismático. También podrían haberse producido presiones en la elección del nuevo papa, pero Ratzinger, fuera de escena, parece que se ha mantenido completamente al margen de la elección del nuevo papa en su retiro provisional de Castel Gandolfo.

La renuncia de Benedicto XVI tiene más que ver con los escándalos de la curia, el IOR y lo que desconocemos del contenido de los papeles Vatileaks, que por su estado de salud. Poco a poco a través de las páginas de este libro iremos viendo las posibles y distintas causas de esta dimisión, ya que entrañan complejos aspectos, no sólo los escándalos sexuales, sino también las luchas internas entre distintos movimientos que, en algunos casos, como buitres esperaban la muerte del papa para hacerse con el poder del Vaticano o aumentar su influencia religiosa en el mundo. La realidad es que la renuncia papal y la sorpresa de la elección de Bergoglio los ha descolocado completamente.

Antecedentes históricos de la renuncia

Benedicto XVI no es el único papa que ha renunciado a su cargo, existen como mínimo tres antecedentes históricos de renuncias o dimisiones.

Se desconoce si hubo renuncias entre los primeros papas de la historia sucesores de Pedro de los que poco se sabe, del mismo modo que se desconoce si Pedro renunció por la edad o enfermedad y pasó su Pontificado a Lino, teóricamente segundo papa de la historia.

Se conocen tres renuncias, la de Benedicto IX en 1044, la de Celestino V en 1294 y la de Gregorio XII en 1415. Del primero de ellos, Benedicto IX, se dice que accedió a papa cuando sólo contaba entre 11 y 14 años de edad, por tanto es el papa más joven de la historia. El rey de Bohemia le impuso trasladar a Praga las reliquias de san Adalberto. Sus diferencias con el monarca le obligaron a refugiarse en el Monasterio de Grottaferrata. Su pontificado es un ser papa y no ser papa, hasta que en 1044 renunció a su cargo y se casó, pero aún intentó, en su nuevo estado, regresar como papa, hecho que le impidieron.

El segundo en renunciar fue Celestino V. El trono de Roma había estado vacante dos años y tres meses, y Celestino V lo ocupó en 1294, sin embargo, sólo lo hizo durante escasos cinco meses, ya que renunció y regresó a su vida de ermitaño. Instituyó la Universidad de Montpelier y combatió a los sarracenos con la ayuda de Génova. Era franciscano.

La última dimisión, antes de la de Benedicto XVI, fue la de Gregorio XII en 1415, debida al Cisma de Occidente. Durante su papado existía la obediencia romana, la aviñonense y la de Pisa. Renunció a su cargo cuando el emperador Segismundo proclamó el 16º Concilio Ecuménico.

No podemos decir que la renuncia de Benedicto XVI es la primera, pero ha sorprendido en una época moderna que un papa renuncie y se retire. Creen algunos historiadores que Juan Pablo II estuvo a punto de renunciar a causa de las enfermedades que le aquejaban. Si hubiera renunciado nadie habría criticado la decisión, pero en el caso de Benedicto XVI las circunstancias han sido diferentes.

VATILEAKS Y EL COMPLOT PARA ASESINAR AL PAPA

¿Qué contienen los documentos secretos conocidos como Vatileaks? Posiblemente no mucho más de lo que se ha hecho público a través de los medios informativos. Es posible que los conflictivos documentos contengan nombres de los implicados en el supuesto complot contra Benedicto XVI, así como las cantidades desfalcadas por IOR, y nombres de los representantes de la curia que están envueltos en escándalos sexuales. ¿Qué más pueden contener? Sinceramente nadie sospecha de nuevas revelaciones. En cualquier caso, si están los nombres de los implicados en todos los escándalos ya significa una importante información que Ratzinger traspasa a su sucesor. El problema, y a la vez incógnita, está en saber en quién va a confiar el papa Francisco para compartir esa información. Si quiere resolver los graves hechos que sacuden la Iglesia católica tendrá que compartir con alguien la información que dispone para realizar las correcciones necesarias entre el clero culpable y las instituciones implicadas.

Los jesuitas tendrán ahora un papel relevante en el Vaticano, sustituyendo a los hasta ahora favorecidos movimientos del Opus Dei, Neocatecumenales y Confesión y Liberación. Movimientos que ven con receló a los jesuitas, entre ellos el Opus Dei y los Neocatecumenales, especialmente el fundador de este último movimiento, Kiko Argüello, que llegó a calificar a los jesuitas de izquierdosos.

La realidad es que Benedicto XVI creó una comisión para comprobar la veracidad del informe Vatileaks. La comisión, en opinión de algunos expertos, carecía de vitalidad y dinamismo a causa de la edad de sus miembros. Para mí carece de energía y fuerza, dudo de la capacidad de investigación e interrogación de tres octogenarios, uno de ellos a punto de cumplir los 90 años. Este tipo de investigaciones precisa personas con una gran agilidad de mente y cierta agresividad. La citada comisión estaba constituida por Julián Herranz, 82 años, presidente del Consejo Pontificio para los Textos Legislativos, Jozef Tomko, 88 años, de la Congregación para Evangelizaciones de los Pueblos; y Salvatore De Giorgi, 82 años, exarzobispo de Palermo. La comisión interrogó a treinta personas sobre intrigas, intento de asesinato, casos de corrupción, etc. Las conclusiones fueron entregadas a Benedicto XVI, que decidió pasárselas a su sucesor.

¿Detallan los documentos Vatileaks un posible complot para asesinar a Benedicto XVI? Lo desconocemos, ya que esta noticia llegó a los medios informativos a través de otros medios: cartas, rumores e informes que, al parecer, disponía el mayordomo del papa, Paolo Gabriele. En este intrincado folletín respira la pregunta: ¿Quién o quienes querían asesinar al papa? Cabe preguntarse en esta novela policíaca si el papa estaba amenazado de muerte a partir del instante que anunció realizar cambios en IOR y destituir a miembros del organigrama del Vaticano. El IOR ha sido el culpable de los mayores males que han aquejado a la Santa Sede, y también de crímenes en el interior de los muros del Vaticano y fuera de sus muros.

La historia del complot se destapa el 11 de febrero de 2012 cuando el periódico *Il Fatto Quotidiano* difundió la historia. Al parecer dicho complot había sido confesado por el arzobispo de Palermo Paolo Romeo en noviembre del 2011 en su visita a China, donde destacó confidencialmente que el papa moriría en el plazo de un año. Paolo Romeo, cuando leyó la noticia en *Il Fatto Quotidiano*, se apresuró a destacar que se había sacado de contexto sus palabras, ya que él se refería a que la salud del papa no le otorgaba más de un año de vida, no a que el papa sería «asesinado» antes de un año. Si la salud del papa es precaria y sus médicos le han dado un plazo de un año de vida, sería un hecho que, de alguna forma ya habría trascendido. El asunto se complica más cuando se descubre que el cardenal Castrillón ya había avisado al papa del peligro que corría y del comentario de Paolo Romeo en China. El papa sabía que existía un complot y prueba de ello es que el diario *L'Osservatore Romano*, voz del Vaticano, calificó a parte de la Curia romana como «lobos» que acechaban esperando que el papa dejase el trono vacío.

Por aquellos tiempos Benedicto XVI ya tenía unas relaciones conflictivas con el cardenal secretario de Estado Tarcisio Bertone que también tenía malas relaciones con los cardenales Ruina, Scola y Bagnasco, aunque su peor enemigo era el arzobispo Carlo María Vigano, nuncio de Estados Unidos. Más tarde se sospecho que Bertone había estado detrás de la fuga de documentos a medios informativos, así como las filtraciones. Era la cabeza de rebelión contra Benedicto XVI, y su motivación era un intento de sanear la imagen de la Iglesia, algo que no conseguía Benedicto XVI con su política.

También las irregularidades en el IOR habían obligado a Benedicto XVI a expulsar a su presidente Ettore Gotti Tedeschi, miembro del Opus Dei, y sustituirlo por Paolo Cipriani. Una sospechosa historia de la que hablaremos cuando abordemos las oscuras transacciones del IOR, su lavado de dinero y los números de las cuentan bancarias. También el Opus Dei no pasaba por un buen momento dentro del Vaticano donde su hilo directo que había mantenido con Juan Pablo II, se había roto con Benedicto XVI. El Movimiento Neocatecumenal conseguía un mejor posicionamiento en el mundo y en el Vaticano, gracias a que, en julio de 2008, Benedicto XVI les otorgaba unos estatutos jurídicos que los convertía como un catecumenado postbautismal, dejando de ser un movimiento. Pero si bien había una de cal, también había otra de arena, ya que Benedicto XVI había puesto al frente del Tribunal Superior de la Santa Sede a Raymond Burke que no simpatizaba con los «kikos».

Entre los últimos nombramientos de Benedicto XVI estaba Gerhard Ludwig Müller, alemán como el papa, obispo de Ratisbona, que ahora dirigía la Congregación para la Doctrina de la Fe, antigua Inquisición o Santo Oficio. Un cargo que había tenido anteriormente Ratzinger durante el papado de Juan Pablo II y que tanto le indispuso con muchos teólogos, a los que convocó para amonestar a algunos, humillar a otros y prohibir a casi todos impartir teología en las instituciones de la Iglesia.

Durante muchos años, hasta su enfermedad y muerte, Martini había sido el cardenal con más carisma y fuerza de Italia. Era jefe de la Diócesis de Milán que se componía de 1.017 parroquias, 3.000 curas y 800 párrocos. Ahora su sucesor era el cardenal Angelo Scola, papable con todas las quinielas a su favor, pero derrotado en el Cónclave. Scola ha sido siempre la oposición a Silvio Berlusconi y ha estado muy relacionado al movimiento Comunión y Liberación, al que Benedicto XVI no favoreció en sus relaciones con el Vaticano, pese a ser un movimiento de gran importancia e influencia en Roma.

Todo un complicado puzzle al que había que añadir escándalos sexuales, al parecer en el mismo Vaticano, y la debilidad de un papa mayor cansado por sus años. No era de extrañar la renuncia de Benedicto XVI al verse impotente de solucionar este damero complejo al que había que añadir amenazas de muerte.

La policía nunca infravalora las amenazas de muerte contra el Benedicto XVI. Queremos recordar que Juan Pablo II tuvo doce intentos de atentados, uno de ellos estuvo a punto de costarle la vida. Podemos decir que fue el papa más amenazado de la historia. Recordaremos brevemente:

1979. Fernando Álvarez de Tejada estuvo a punto de colocar una bomba en la Basílica de Guadalupe, en México donde esperaban la presencia de Juan Pablo II.

1979. Una carta anónima en Nueva York avisó del intento de un atentado, en el domicilio del denunciado el FBI encontró una ametralladora.

1981. En Karachi (Pakistán) una bomba explotó a escasos metros de donde Juan Pablo II iba a oficiar una misa.

1981. Mehmet Ali Agca disparó cuatro veces contra el papa en medio de la Plaza de San Pedro. Lo alcanzó dos veces y estuvo a punto de morir, las heridas sufridas le dejaron secuelas el resto de su vida y le ocasionaron problemas de salud. A partir de ese momento, tanto Juan Pablo II como Benedicto XVI han prescindido de coches descubiertos y, disciplinadamente, han utilizado el papamóvil, vehiculo con cristales blindado que sólo un arma de muy grueso calibre puede atravesar.

1982. En Fátima un sacerdote integrista, Juan Fernández Krobe, se abalanzó sobre Juan Pablo II con una bayoneta. Pudo ser reducido por los escoltas que ya estaban alerta siempre que el papa se desplazaba.

1983. Su viaje a Guatemala estuvo plagado de amenazas.

1983. Una explosión destruyó el día antes una tribuna en Milán donde Juan Pablo II iba a oficiar una misa aquel mismo día.

1984. En Seúl un surcoreano disparó con una pistola de fogueo contra el coche de Juan Pablo II. En realidad se trataba de una imitación de juguete.

1986. En Australia una joven irlandesa tenía preparados cinco cócteles Molotov para arrojarle al papa.

1990. Antes de la visita de Juan Pablo II, se descubrió un extraño y dudoso plan de asesinato en Costa de Marfil.

1995. Recibió muchas amenazas ante su viaje al archipiélago filipino.

1998. En Austria, debajo del escenario donde iba a oficiar una misa, se encontró una falsa bomba. Pero las falsas bombas siempre son advertencias.

Indudablemente Benedicto XVI estaba lejos de estar tan amenazado como Juan Pablo II, tenía sus enemigos, si podemos llamar enemigos a casi todos los teólogos de la liberación y los teólogos progresistas. Eran creyentes que discrepaban con él, pero jamás habrían pensado, ni siquiera, en amenazarle. Los enemigos de Benedicto XVI han sido las intrigas interiores del Vaticano, los manejos de la banca IOR, y la desfavorable coyuntura de escándalos sexuales.

EL MAYORDOMO INFIEL: «EL CUERVO».

Paolo Gabriele es para unos el malo, el traidor, el mayordomo infiel, o como finalmente se bautizó: «El cuervo». Paolo Gabriele sustrajo miles de documentos a Benedicto XVI. Su posición como mayordomo del papa le permitía moverse libremente por sus aposentos, tener acceso a su correspondencia y todos los escritos. Durante seis años de ayuda de cámara, fue fotocopiando documentos y cartas, la policía encontró en su domicilio miles de documentos. Paolo Gabriele, como un auténtico topo de las novelas de John Le Carré, entregó parte de esta documentación a los medios informativos que, gota a gota, desvelaban secretos del Vaticano. Siempre se ha sospechado que tuvo un cómplice pero nunca se pudo probar, ni el lo desveló.

Como los agentes dobles del Imperio Británico en los que primaba su ideología y no las recompensas económicas, Paolo Gabriele, tras su detención, explicó que había actuado de buena fe, con el objetivo de salvar al papa, con el fin de librarle del mal que había en el Vaticano. ¿Veía Paolo Gabriele que Benedicto XVI era incapaz de resolver la maldad que se cernía en el Vaticano? ¿Fue tan grande la incapacidad del papa de resolver esos asuntos que hasta su mayordomo se percató? Posiblemente existe esa maldad de la que hay que protegerse ya que el teólogo Hans Küng cuenta que el superior de una orden religiosa le dijo al traspasar una de las puertas que da acceso al Estado Vaticano: «Ahora nos santiguaremos para que Dios nos preserve de las malas tentaciones mientras estemos ahí dentro».

Muchos creen en la buena fe de Gabriele, un hombre enormemente creyente que no tuvo ningún fin lucrativo por sus filtraciones. En su espíritu sólo estaba la intención de resolver lo que el papa no resolvía. Pero muchos se preguntan si Gabriele actuó solo o había otras personas. Gabriele siempre mantuvo que actuó solo, aunque no sabemos si encubrió a alguien más. Muchos vaticanistas apostaban por algún cómplice y Bertone era el nombre que más sonaba, sin embargo, nunca fue citado por Gabriele y tampoco imputado por el Tribunal.

Las filtraciones de Gabriele hablaban de luchas internas en el Vaticano, de una veintena de personas implicadas, y se citaba a los cardenales Paolo Sardi y Angelo Comastri.

Paolo Gabriele fue condenado y, sospechosamente, aislado de todo contacto. Nadie puede comunicarse con él, nadie puede conversar con él...es un preso aislado en una celda de alta seguridad, como Hannibal Lecter en *El silencio de los corderos*.

EL MALDITO IOR, «EL BANCO DE DIOS»

El Instituto para las Obras de Religión (IOR), también conocido como el «banco del Vaticano» o el «banco de Dios», es sin duda un dolor de cabeza para todos los papas, una auténtica pesadilla.

No vamos a recordar aquí el escándalo originado en los tiempos de famoso cardenal Paul Marcinkus, debido a las relaciones mafiosas del IOR que originaron el crack del Banco Ambrosiano, con asesinatos y sospechosos suicidios de implicados, entre ellos Roberto Calvi presidente del Banco Ambrosiano que fue encontrado ahorcado en un puente de Londres.

Nadie duda que el IOR haya tenido mucho que ver con la renuncia de Benedicto XVI. Ya con el nuevo papa una parte de los cardenales proponen una mayor transparencia del IOR y la necesidad que se ajuste a las normas bancarias de la Unión Europea, ya que ahora sus balances se desconocen al no ser accesibles a ningún organismo internacional, lo que lo convierte en un paraíso fiscal.

Es conocido de todos los medios informativos que el IOR fue tema de conversación, y discusión entre los cardenales cuando estuvieron reunidos en las «congregaciones generales» antes del Cónclave. Las filtraciones de estas reuniones aseguran que el IOR es una fuerte preocupación de los cardenales, algunos por la imagen y el daño que hace a la Iglesia, y otros por las implicaciones que podrían tener una transparencia de sus operaciones financieras. Las filtraciones de Vatileaks también abordan este oscuro asunto de las finanzas vaticanas. Muchos se preguntan ¿por qué fue expulsado de director Ettore Gotti, hombre de Opus Dei? Se lo preguntan en un momento en que Gotti amenaza con acudir a los medios informativos y explicar toda la verdad si no le dejan hablar en privado con el papa Francisco.

Algunos cardenales quieren que el IOR sea controlado directamente por la Santa Sede, aun corriendo el riesgo de que, al convertirse en un banco privado, sus directivos tengan que responder ante algunos fiscales italianos que llevan tiempo investigando sus oscuras finanzas. Fiscales que han visto con impotencia como sus movimientos bancarios escapan a los controles internacionales.

No todos lo cardenales están a favor de esta transparencia, y algunos como Ángelo Sodano y el argentino Sandri, piensan que es mejor dejar las cosas como están. A todo ello se une la presión de la organización Familia Cristiana, de corte progresista, que apuntan a que el IOR se convierta en un banco de ayuda a los más pobres, un banco de solidaridad con los necesitados y no de dudosas operaciones financieras.

¿Cuál es la postura del papa Francisco? Por ahora debemos remitirnos a sus últimos gestos, entre ellos sus palabras en la misa del Domingo de Ramos, 24 de marzo de 2013, en la Plaza de San Pedro. En esa fecha hizo clara alusión a las guerras, violencia y «conflictos económicos que golpean a los más débiles», así como a «la sed de dinero y de poder, la corrupción...». Sus palabras tuvieron un mensaje claro a los presentes:«No os dejéis robar la esperanza».

EL PATRIMONIO DEL VATICANO

Estamos ante un papa que aboga por la pobreza pero que hereda un gran patrimonio. Francisco, por lo menos en sus palabras durante su primera misa del Domingo de Ramos en la Plaza de San Pedro, sembró un camino de esperanza entre los más pobres del mundo. Recordó en su sermón, especialmente a los más jóvenes, que «los bienes materiales no son el camino de la felicidad», y que su abuela le decía siempre que «el sudario no tiene bolsillos».

Francisco ha mostrado desde el primer momento una conciencia especial por la pobreza en el mundo. Sus seguidores esperan que advierta la necesidad de buscar un equilibrio que permita repartir la riqueza que derrochan unos entre lo que necesitan otros para sobrevivir. Especialmente en un momento en el que, ante los conflictos económicos que sufre Chipre, la Iglesia ortodoxa de ese país, ha puestos sus bienes a disposición de los más pobres. Un hecho sin antecedentes en el que muchos detractores y críticos de la Iglesia católica han destacado, con ironía, que ese sería un paso que jamás daría el Vaticano, y que sólo se da en la ficción de novelas fantasiosas como *Las sandalias del pescador* de Morris West.

El Vaticano, con sus cuarenta y cuatro hectáreas es el Estado con más riquezas artísticas del mundo. Sus monumentales edificios albergan valiosas obras de arte de los mejores pintores de la historia. Miles de objetos de incalculable valor, millones de libros y documentos por los que coleccionistas de todo el mundo pagarían increíbles cantidades. Se desconoce el dinero y el oro que almacenan las cajas fuertes de los subsuelos del IOR, ni el oro que este banco transfiere a otros grandes bancos, como es el caso de Fort Knox en Estados Unidos. Sus ingresos como Estados «turístico» nunca se han hecho públicos, pero se supo que ganó cerca de un millón de euros con la venta de sellos entre el momento del funeral de Juan Pablo II y el final del Cónclave que elegía a Benedicto XVI, sin duda una bagatela entre los muchos ingresos que significarían los libros autobiográficos de papa elegido, los sellos, postales y *souvenirs* con su imagen.

El Vaticano al margen de su Estado, dispone de más de un millón de complejos inmobiliarios en el mundo, sólo en Italia el valor de esos inmuebles alcanza los mil millardos de euros. Se calcula que los centros sanitarios y de asistencia en todo el mundo sobrepasan los 125.000. Las escuelas, en todo el mundo, casi 207.000, tienen más de 50 millones de estudiantes. En cuanto a las parroquias y misiones la cifra ronda las 456.000. Respecto al número de fieles, el Vaticano se otorga unos 1.200 millones en todo el mundo, de los que el 41 % viven en Latinoamérica. Una cifra bastante ecuánime si la comparamos con el estudio de *Pew Forum on Religion & Public-Life*, que calculaba que el número de cristianos en el mundo representaban el 31,5 % de la población mundial. Es decir, 2.200 millones, de los cuales el 50% son católicos, unos 1.100 millones, el resto son ortodoxos, protestantes, evangelistas, luteranos, coptos, calvinistas, metodistas, batistas, etc. Sólo destacar el hecho que estas cifras no indican que todos los que se declaran de una determinada religión sean practicantes, muchos sólo dicen ser católicos pero nunca van a misa, ni rezan, ni siguen esa religión.

De cualquier forma el cristianismo es la religión que tiene más fieles en el mundo, por lo menos, la que mejor podemos contabilizar. El lector interesado en cifras encontrará en los anexos de este libro, las cifras estimativas de los fieles de otras religiones.

DOS

Habemus Papam

VATILEAKS Y LA REBELIÓN DE LOS CARDENALES

Creo que por primera vez las congregaciones preparatorias de los cardenales que tenían que elegir al futuro papa fueron tan importantes o más que el Cónclave. En esas reuniones tuvieron lugar conversaciones que no podrían mantenerse en el Cónclave, e intercambios de opiniones que desvelarían la postura de cada cardenal. Un cardenal como Bergoglio pudo conseguir muchas simpatías entre sus congéneres postulando las nuevas directrices que él creía que precisaba la Iglesia. Sinceramente, para muchos teólogos el futuro papa Francisco empezó a ganar votos antes de entrar en la Capilla Sixtina.

Jorge Mario Bergoglio empezó a ganar votos en las sesiones de las congregaciones generales preparatorias, especialmente en una intervención suya en la que se refirió a la necesidad de «purificación» de la Iglesia, dejando a un lado la «vanidad del poder». Estas sinceras palabras originaron que muchos cardenales no europeos se fijaran en él, en su franqueza y valor de enfrentarse con tales palabras a una curia europea en la que jamás un cardenal se habría expresado en estos términos. Sin lugar a dudas, Jorge Mario Bergoglio obtuvo los primeros votos en estas congregaciones. Los príncipes de la Iglesia se enfrentaron en estas congregaciones previas al hecho que, Benedicto XVI había advertido que el informe que había encargado a tres cardenales —Jozef Tomko, Salvatore de Giorgi y Julián Herranz—, sobre los escándalos del Vaticano, reflejados en los famosos papeles Vatileaks, sólo serían entregados a su sucesor. Pero los cardenales electos exigían saber los males que aquejaban a la Iglesia. Ya en la primera congregación preparatoria del Cónclave surgieron las primeras voces preocupadas por el contenido de los documentos que afectarían al nuevo papa, ya que muchos cardenales pensaban que habían significado la razón de la renuncia de Benedicto XVI.

Fue el cardenal Raymond Damasceno el primero en expresar, sin rodeos, la necesidad de saber qué contenía la investigación realizada por encargo de Benedicto XVI. Otros cardenales consideraban indispensable conocer la verdad de lo que sucedía en la Santa Sede antes de encerrarse en la Capilla Sixtina. Los cinco cardenales brasileños, país con más católicos del mundo, solicitaron conocer los documentos sobre los escándalos. El presidente de la Conferencia Episcopal de Brasil destacó: «Creo que es justo y necesario que los cardenales tengamos esa información antes de elegir al sucesor de Benedicto XVI». Tuvo inmediatamente el apoyo del cardenal de Salvador de Bahía, Geraldo Majella Agnelo, que también exigía conocer el contenido de los documentos secretos.

Nada transcendía sobre el juicio a Paolo Gabriele, el mayordomo infiel del papa; la expulsión del presidente del banco del Vaticano de Ettore Gotti Tedeschi; la supuesta conspiración para asesinar a Benedicto XVI, las luchas de poder entre los altos cargos de la curia, la corrupción y las conductas sexuales contrarias al sexto mandamiento. La demanda de los cardenales fue desestimada por el portavoz del Vaticano, Federico Lombardi y estos sólo tuvieron acceso a información privada que no entraba en detalles. Esta información privada debía contener muchos aspectos referentes al IOR, de lo contrario no se entendería que en la última reunión de las congregaciones generales se hablase casi exclusivamente del banco del Vaticano y sus finanzas. Antes de entrar en el Cónclave los cardenales tuvieron que jurar ante un crucifijo con la mano en la Biblia que mantendrían silencio de todo lo que aconteciera en el Cónclave, y resignarse a no saber con exactitud el informe de la investigación ordenado por Benedicto XVI. Pese a estas exigencias los cardenales insistieron en la necesidad de reformar la Curia, optar nuevas medidas sobre la postura de la Iglesia ante la pederastia y controlar definitivamente las cuentas del IOR, el banco del Vaticano.

El último escándalo que se intentó ocultar: el cardenal O´Brien

Los escándalos sexuales del clero se cobraron su primera víctima en el cardenal O´Brien, acusado de acoso sexual y con pretensiones de acudir al Cónclave para votar y quién sabe si con la esperanza de ser elegido.

Hubiera sido muy fuerte para la opinión pública que un cardenal denunciado por tres sacerdotes de acoso sexual, hubiera accedido a uno de los acontecimientos más importantes de la Iglesia. Para algunos un acontecimiento sagrado en el que el Espíritu Santo orienta a los cardenales en su opción de voto. Era impensable la presencia de un cardenal hipócrita que escondía su condición de homosexual detrás de continuas condenas a los homosexuales.

Keith O´Brien, cardenal escocés, admitió en una nota el acoso sexual que cometió en los años ochenta a tres sacerdotes. No hubo por parte de los denunciantes ánimo de venganza, sino una clara postura de conseguir que «la Iglesia católica fuese abierta y transparente», según las palabras de uno de los denunciantes. Los tres sacerdotes admitieron que O´Brien les había hecho proposiciones sexuales indeseadas cuando eran jóvenes curas o seminaristas.

Lo que muchos católicos que vieron con buenos ojos esta renuncia cardenalicia, no saben es que las denuncias de estos sacerdotes llegaron al Vaticano en el mes de noviembre de 2012, y que el Vaticano no adoptó una postura contra el cardenal hasta que se difundieron por los medios informativos pocas semanas antes del Cónclave. ¿Si no lo hubieran difundido los medios informativos, habría permitido el Vaticano que O´Brien asistiera al Cónclave y votase o aspirase a ser papa? Es evidente que este interrogante es aterrador, es una muestra de los escándalos sexuales que, habitualmente, tapa el Vaticano.

Sólo el impacto mediático impidió que un acosador sexual interviniese en una de las ceremonias más sagradas de la Santa Iglesia.

O´Brien es la primera víctima de una limpieza entre los grandes dignatarios de la Iglesia. Pero la reacción del Vaticano debiera haber sido más inmediata al conocerse los hechos, acto que no hubiera teñido de sospechas una vez más al Vaticano, y especialmente a Benedicto XVI del que muchos creyentes pensaron que, una vez más, había intentado ocultar un escándalo de la Iglesia. Sin duda este fue el último pecado de Ratzinger antes de abandonar el Vaticano.

UN CÓNCLAVE MUY ESPECIAL CON UNA DIFÍCIL ELECCIÓN

Benedicto XVI, siendo fiel a su promesa de no intervenir para nada en el Cónclave que elegiría a su sucesor, abandonó el Vaticano antes de que se celebrasen las congregaciones generales preparatorias. Si se puede interpretar de alguna forma, hay que recordar que su mandato no concluyó en el Vaticano, sino en Castel Gandolfo el 28 de febrero de 2013. ¿Quiso Ratzinger señalar algo con este gesto? ¿Era una muestra de su malestar hacia un lugar que tantos disgustos le había ocasionado? Tal vez no sabremos nunca porque Benedicto XVI optó por esta fórmula y no realizando una despedida oficial en el Vaticano, y esperando a que se cumpliera el plazo que él mismo se había fijado. La realidad es que su renuncia se hizo efectiva fuera del Vaticano, en Castel Gandolfo.

Durante las diez congregaciones generales y el Cónclave, Ratzinger se mantuvo aislado en Castel Gandolfo, pequeña población de 9.000 habitantes al sur de Roma junto al lago volcánico de Albano.

Hace cuatro siglos el Vaticano adquirió este castillo del siglo XII, como lugar de vacaciones de los papas. Desde entonces todos los papas han disfrutado de esta propiedad de 55 hectáreas, más grande que el Vaticano, en la que descansan en el mes de agosto y pasean por sus calles saludando y hablando con sus ciudadanos, especialmente el 15 de este mes, fecha en la que se celebra la festividad de la Asunción de la Virgen.

El complejo de Castel Gandolfo está compuesto de tres edificios: el palacio papal, la villa Barberini y un inmueble dedicado a la administración. Al margen sobresale una cúpula astronómica regentada por los jesuitas, un pequeño observatorio al que todos los papas les ha entusiasmado utilizar en las noches estrelladas para contemplar, a través de su modesto telescopio, las inmensidades del Cosmos. Sesenta empleados cuidan la granja y los cultivos que suministran abundantes verduras, hortalizas y frutas, al margen de los huevos, pollos y conejos de la granja. Ya al margen de toda lucha política en el Vaticano, Benedicto XVI esperó, no sabemos si tranquilamente o con inquietud la elección del nuevo papa. Una elección que se hacía, como es habitual, con toda la pompa y boato que es capaz el Vaticano de desplegar en una ocasión así.

La elección no podía ser larga, estaba en la conciencia de todos los cardenales el hecho que una elección que implicase tiempo sólo demostraría a los fieles que los cardenales estaban más divididos que nunca.

Pese al enfrentamiento entre Sodano y Bertone por la fuga de documentos y filtraciones a la prensa, ambos cardenales cumplieron a la perfección su papel. El primero dirigiendo las congregaciones en las que se precisaba establecer los primeros contactos entre los cardenales y coordinar posturas y posiciones favoritas. El segundo realizando la función de camarlengo, controlando la maquinaria del Vaticano. Ambos, pese a sus diferencias, se vieron obligados a colaborar para que el Cónclave tuviera un desenlace positivo.

La elección del nuevo papa no era una tarea sencilla, había que buscar alguien que encajase en el contexto y sirviera de nexo entre todos los príncipes de la Iglesia. Había que elegir a una persona que manejase con inteligencia el timón de una Iglesia dañada por los escándalos sexuales y financieros, una Iglesia con intrigas internas y luchas políticas, y, especialmente, una Iglesia que adolecía cada día de menos fieles y que se había olvidado de los pobres del mundo. Alguien de confianza que inspirase respeto y autoridad entre todos los sacerdotes del mundo. También debería tener el apoyo de los fieles y renovase su credibilidad en la Iglesia. Si fuera posible una papa que cerrase la brecha con América Latina donde los habitantes son más fieles y creyentes que en Europa.

La realidad es que la renuncia de Benedicto XV no se realizó cuando ya se tenía pensado un sustituto, ni siquiera se había pensado en las posibilidades de Jorge Mario Bergoglio. El nuevo papa había que elegirlo con celeridad dentro del hermetismo del Cónclave. Si la elección se hubiera alargado se habría mostrado la existencia de luchas internas, hubieran surgidos los rumores sobre divisiones y luchas de poder, algo que daba una mala imagen para la Iglesia.

Había que buscar el mejor perfil posible. Si bien existía una gran cantidad de cardenales que pensaban en un hombre con una política continuista, también había cardenales que optaban por el cambio, y ahí, la votación secreta les daba una total libertad. La cuestión para todos era mantener la calma y elegir rápido, pero sin precipitaciones.

EL DÍA DE LOS VOTOS

Al final siempre trasciende lo que ocurre en el Cónclave del Vaticano, pese al juramento de los cardenales, siempre hay pequeñas confesiones, sucintos comentarios que ayudan a reconstruir, no lo que voto cada uno, pero si como fueron las votaciones.

Fue una elección rápida, dos días y cinco escrutinios.

Ya he explicado que han existidos Cónclaves que han llegado a durar cincuenta días y han necesitado más de un centenar de escrutinios. Este Cónclave no ha sido el más corto de la historia, pero si uno de los más cortos. Como ya he mencionado anteriormente el Cónclave más corto fue el que eligió a Pío XII, el cardenal Eugenio Pacelli, que en la segunda vuelta de las votaciones obtenía la mayoría necesaria para ser papa.

La sorpresa de la elección del 266 pontífice de la Iglesia católica estuvo en el hecho de que ninguno de los papables significó un peligro para la elección de Bergoglio. Todos los medios informativos se equivocaron, todas las quinielas fracasaron, no hubo nadie que colocase a Jorge Mario Bergoglio en la lista de los papables. Nadie tuvo en consideración la brillante y convincente disertación que Bergoglio mantuvo en una de las congregaciones generales preparatorias, y que haría cambiar su voto a muchos cardenales.

Los medios informativos siguieron apostando por el arzobispo de Milán, Angelo Scola como uno de los favoritos para convertirse en el próximo papa. Hasta Scola creía en sus más íntimos pensamientos que sería el elegido.

Desde la primera votación, el martes, el arzobispo de Buenos Aires se vio sorprendido por un buen número de votos. Creo que ni él mismo se esperaba este apoyo de los cardenales, especialmente, se supone, los del Tercer Mundo. En la siguiente votación los votos a favor de Bergoglio no dejaron de aumentar. Se habla que el cardenal de Washington, Donald Wuerl, representante de bloque estadounidense, volcó su presión para dirigir el voto norteamericano a favor del arzobispo de Buenos Aires. Eran momentos que aún había una cincuentena de cardenales que votaban a Scola, pero este se retiró para evitar alargar más el Cónclave. Scola no había podido engatusar al Espíritu Santo.

En la última votación Bergoglio superaba los 77 votos y obtenía más de los dos tercios requeridos para ser nombrado papa. Una salva de aplausos le saludaban. Había sido elegido en el Cónclave por más votos que Ratzinger en 2005. La fumata blanca anunciaba el *Habemus Papam*, todas las campanas de Roma se pusieron a sonar.

Cuando se abrieron las cortinas del balcón central de la Plaza de san Pedro acaeció la sorpresa. Se anunció que el nuevo papa era Jorge Mario Bergoglio, pero la multitud agrupada en la Plaza de San Pedro se preguntaba: ¿Quién es Jorge Mario Bergoglio? ¿De dónde es?

Elegido para la gloria

Las primeras palabras del papa Francisco en el balcón del Vaticano fueron para dar las buenas tardes, luego destacó textualmente: «Queridos hermanos y hermanas. Sabéis que el papa es obispo de Roma. Me parece que mis hermanos cardenales han ido a encontrarme casi al fin del mundo. Pero estamos aquí y os agradezco la acogida (...) comenzamos este camino, obispos y pueblo juntos».

Francisco se presenta como el papa de los pobres y desfavorecidos de todo el mundo. Un clérigo que había practicado con el ejemplo, ya que en Argentina no vivía en un suntuoso palacio, sino en un apartamento; tampoco utilizaba un coche oficial para desplazarse, lo hacía en el transporte público donde conversaba con todos los ciudadanos que compartían su asiento.

Es un hombre que vive con un solo pulmón, ya que el otro lo perdió a causa de una infección infantil. Para algunos un conservador moderado que no proviene de las corrientes progresistas ni de la Teología de la Liberación. No se le puede calificar como un conservador duro, sino una alternativa dentro de la Iglesia a los más ortodoxos. Durante su mandato en su diócesis ha dado plena libertad de acción a los curas más progresistas. Es un dirigente que delega y confía en el trabajo de los demás. Entre las curiosidades personales encontramos que le gusta cocinar y presenciar los partidos de fútbol en los que juega su equipo favorito: el San Lorenzo de Almagro.

Aunque está al alcance de todos resumiré brevemente una biografía de Jorge Mario Bergoglio.

Nació el 17 de diciembre de 1936. Es hijo de emigrantes italianos. Fue a la escuela pública y más tarde estudió para ser químico, cosa que le permitió encontrar su primer trabajo en un laboratorio. En 1957 decidió entrar en un seminario jesuita donde inició su carrera en la Iglesia. Estudió Humanidades en

Chile y en Buenos Aires y obtuvo, en el Colegio Máximo San José, la licenciatura en Filosofía. Fue profesor de Literatura y Psicología, y luego cursó Teología y se ordenó sacerdote en 1969. Con sólo 37 años llegó a ser jefe de los jesuitas de su país. En 1992 fue nombrado obispo auxiliar de Buenos Aires. Juan Pablo II lo nombró cardenal en 2001. Más tarde llegó a presidir la Conferencia Episcopal de Argentina.

Inmediatamente que Bergoglio fue elegido papa se empezó a saber aspectos más personales de su vida. Lo que se evidenciaba es que no era un papa con una trayectoria como los demás. Sus rasgos denotaban una gran sencillez, humildad y espíritu de sacrificio volcado en la ayuda a los más pobres y necesitados del mundo.

Ha trascendido de su vida en Argentina que cuando tenía doce años tuvo una novia, si a esa edad se puede hablar de novia la niña que te gusta. Bergoglio le escribió a Amalia: «Y si no me caso con vos, me hago cura». No se casó con ella y se hizo cura. También dicen aquellos que lo conocen más personalmente que, como buen argentino, le gusta bailar tangos, que en sus momentos de relax le gusta escuchar música clásica, y que también tiene antiguos casettes de Edith Piaf que escucha con agrado. De la lectura clásica sólo ha trascendido que lee a Dostoyevski, pero imagino que también le debía gustar leer a Jorge Luis Borges, a quién conocía personalmente y llevó a sus clases de literatura y psicología cuando impartía estas asignaturas. Como autor de libros ha escrito doce desde 1982 a 2012, y una obra compartida sobre la Compañía de Jesús, titulada *Los jesuitas*. Bergoglio ha huido de la opulencia y el derroche, de ello es muestra su humilde vivienda y una anécdota que relata que cuando fue nombrado cardenal por Juan Pablo II, pensó que era un despilfarro gastarse un dineral en el hábito reglamentario y le pidió a su hermana que le arreglase uno viejo.

Tiene sus detractores que le acusan de no haber hecho suficiente durante la dictadura argentina, incluso acusaciones de haber denunciado a sacerdotes jesuitas. Son versiones a favor y en contra entre las que encontramos la voz de Adolfo Pérez Esquivel, premio Nobel de la Paz en 1980, que ha defendido a Bergoglio de su complicidad con el régimen dictatorial argentino.

Bergoglio es conservador hasta cierto punto. Sus enfrentamientos con los sectores más ultraderechistas de la iglesia han sido evidentes. Creo que tiene la simpatía del pueblo argentino, un país que está orgulloso de tener el primer papa Latinoamericano. Un hecho que ha desatado los chistes imprevisibles de los argentinos, en los que destacan que la elección de Bergoglio como papa es la confirmación de que Dios es argentino. O que ahora Argentina, con Bergoglio y Messi no hay quien la pare. Por su parte los españoles que siempre argumentan que todos los argentinos son psicólogos o psicoterapeutas, hacen hincapié en el hecho de que hasta el papa argentino ha estudiado psicología y ha sido maestro de esta materia.

¿POR QUÉ FRANCISCO?

El cardenal protodiácono Jean Louis Tauran anunció desde el balcón central del Vaticano el nombre del nuevo Pontífice, Jorge Mario, cardenal Bergoglio, que había elegido como nombre Francisco. Muchos fieles que estaban en la Plaza de San Pedro desconocían quién era el nuevo papa, otros se extrañaban por la elección del nombre Francisco. Otros que lo conocían y sabían que era jesuita se preguntaban por qué el nombre de un santo franciscano, y no Ignacio como el fundador de los jesuitas.

Muchos fieles se han preguntado por qué Francisco y la realidad es que no parece haber otro motivo que la trayectoria de este santo como ejemplo de alguien que lucha contra la pobreza.

Bergoglio siempre fue un gran admirador. Sepamos algo sobre este santo al que se le considera el inventor del pesebre viviente.

San Francisco nace en Asís (Italia) y de joven tuvo que participar en la guerra de Asís contra Perugia, conflicto en el que cae prisionero y se ve sometido a un año de dura cautividad. Pese a que le entusiasmaba la vida militar cambió radicalmente de opinión tras un sueño que le invitaba a servir a Dios. La leyenda destaca que fue en la iglesia de San Damián donde tres veces seguidas escuchó la voz de Cristo, o san Damián según otros, que le decía: «Repara mi Casa que se está cayendo en ruinas».

Francisco vendió todos sus bienes e inició una nueva vida siguiendo las palabras de Cristo en el Nuevo Testamento. Junto a él se unieron siete creyentes más con los que empezó a compartir vida común y de cuya experiencia nació la primera regla basada en la sencillez y pobreza evangélica. Cuando murió los franciscanos eran unos 3.000, en la actualidad oscilan alrededor de unos 40.000.

Sus biógrafos destacan que san Francisco trató de llegar a Siria pero que un temporal hundió su barco y naufragó, logró sobrevivir y regresó de nuevo a Italia.

Y luego viajó nuevamente, en 1219, a Palestina.

Durante el transcurso de su vida fundaría los *Fratri Minori* en 1209, y con santa Clara las Clarisas en 1212. Compuso el *Cántico di Fratre Sole*, y en 1224 sufrió en su cuerpo los estigmas de la pasión de Cristo.

Fue en Greccio, celebrando la Navidad, donde Francisco inventaría el pesebre viviente, cantando el Evangelio como diácono y predicando. Hablamos del año 1223, en el que hizo la primera representación del pesebre basándose en el Evangelio según san Lucas que destaca: «El niño fue colocado en un pesebre», por este motivo pensó que debían haber animales que acompañasen al nacimiento y puso bueyes y asnos en el establo. Curiosamente Benedicto XVI negó que en el nacimiento hubiese estos animales y decidió que ya no se representaría más el nacimiento con bueyes y asnos. La realidad es que el Nuevo Testamento nunca cita que en el entorno del Nacimiento estuvieran presentes estos animales.

El buey y el asno son alegorías según la tradición de Isaías: «El buey ha conocido a su dueño y el asno el establo del Señor». Francisco no sólo se basó en Lucas para crear su Belén, también recogió las palabras de Mateo que hace referencia a la visita de adivinos y magos, y de ahí, san Francisco y piense en Reyes Magos. Con estos datos creó el Belén.

Francisco de Asís murió ciego y con agudos dolores. Sus restos descansan en la basílica inferior de Asís, decorada con los frescos de Giotto.

Los años en Argentina

Todos los analistas resaltan la sencillez de la vida de Jorge Mario Bergoglio en Argentina. Lejos del esplendor de muchos cardenales que viven en auténticos palacios dignos de reyes y disponen de una flota de coches de lujo para sus desplazamientos, Bergoglio vivía solo en un apartamento de la segunda planta de un anexo de la catedral metropolitana y utilizaba en sus desplazamientos los ferrocarriles suburbanos de Buenos Aires. Mientras los cardenales llegaron al Cónclave en coches lujosos, Bergoglio lo hizo andando.

La realidad es que los argentinos no esperaban ni en broma que Bergoglio saliese elegido papa, conocían el poder del Vaticano y su tradición de elegir papas italianos o europeos, pero nunca un papa de Latinoamérica. Los argentinos y aquellos que lo conocían y habían hablado con él durante sus desplazamientos en transportes públicos también tenían pocas esperanzas de que fuese elegido. Así que cuando se supo que el nuevo papa era Jorge Mario Bergoglio, la gente invadió el centro de Buenos Aires, y como si se tratase de la celebración de un partido de futbol, hicieron sonar las bocinas de sus coches.

Su postura en defensa de los pobres y en contra de los matrimonios gay le llevó a varios enfrentamientos con el gobierno actual de Argentina. En 2009 se enfrentó con dureza contra el gobierno argentino y contra los que no hacían nada para impedir la pobreza en su país, un hecho que Bergoglio consideró, en aquellos tiempos, como inmoral, injusto e ilegítimo. En esta ocasión denunció el dinero que salía de Argentina para refugiarse en paraísos fiscales, mientras en el país había millones de personas necesitadas, enfermas y con graves problemas de vivienda. Bergoglio siempre ha sido un duro crítico de la desigualdad. Sus discursos, durante las homilías, han sido una continua denuncia contra la pobreza y la corrupción.

No se ha mordido la lengua cuando ha denunciado los delirios de grandeza del gobierno de los Kirchner y, expresó duras críticas contra el gobierno cuando se desató un conflicto entre los Kirchner y los agricultores. Para los Kirchner, Bergoglio era un opositor que no reconocía los cambios positivos que hacía el gobierno. Los comentarios de Bergoglio tenían gran repercusión en Argentina y era temido por el gobierno de los Kirchner hasta el punto que paralizaron un proyecto de ley para la despenalización del aborto para evitar un enfrentamiento con Bergoglio.

Así, cuando la presidenta argentina, Cristina Fernández, se enteró de que Bergoglio había sido elegido papa debió de encontrarse al borde de un ataque de nervios, ya que el cardenal con el que había tenido diversos enfrentamientos, y con el que había mantenido una relación muy distante, se había convertido en el hombre más poderoso del mundo católico con 1.200 millones de fieles que le escuchaban en todos los continente de los cuales 30 millones eran argentinos. Se calcula que en Argentina el 76,5% de los 40 millones de habitantes son católicos, aunque sólo el 24 % es practicante. En los últimos años se ha producido un descenso acusado del número de fieles en toda América Latina, especialmente entre los católicos de los que muchos de ellos se han pasado a la Iglesia Evangélica.

Terremoto político en Argentina

Quizá es demasiado exagerado hablar de un terremoto en la política argentina la elección del papa Francisco, como han calificado algunos analistas, pero sí podemos calificarlo de pequeño sismo.

Cristina Fernández se apresuró a felicitar a Bergoglio por el nombramiento en un comunicado a través de Twitter en el que se podía leer: «Es nuestro deseo que tenga, al asumir la conducción y guía de la Iglesia, una fructífera tarea pastoral desempeñando tan grandes responsabilidades en pos de la justicia, la igualdad, la fraternidad y de la paz de la humanidad». Protocolario sin ninguna referencia a las diferencias con el gobierno que se habían producido a lo largo de los últimos años.

También recibió la felicitación del presidente de Estados Unidos, Barack Obama, quién destacó la numerosa comunidad latinoamericana que reside en Estados Unidos, que representa un 16% de los 310 millones de habitantes, y que es en mayoría católica igual que Joe Biden el actual vicepresidente de Estados Unidos.

Ahora Cristina Fernández tendrá que enfrentarse a los posibles reproches del papa sin poder desairarlo como hacía en Argentina, donde Kirchner cambió el lugar al que acudía como presidente al tradicional *Te Deum* con motivo de la fiesta nacional, para no tener que escuchar la homilía con los reproches del cardenal Bergoglio.

La realidad es que en Argentina se ha abierto una competencia entre gobierno y oposición para apropiarse de la imagen del papa. Cristina Fernández ha dado un vuelco a sus posturas sobre el cardenal Bergoglio que ahora se ha convertido en papa, y se ha apresurado en ser la primera en ser recibida por el Pontífice, pese a que en catorce ocasiones Bergoglio intentó ser recibido en la Casa Rosada sin éxito. Una visita recogida por todos los periódicos argentinos con abundantes fotografías de la presidenta Fernández junto al papa Francisco en su recepción. Unas fotografías en las que la presidenta argentina demostraba a sus ciudadanos que había hecho las paces con el papa. Tras este primer encuentro ambos mantuvieron un almuerzo privado en el que limaron sus diferencias.

Cristina Fernández aprovechó este reciente encuentro para solicitar al papa Francisco que hiciera de intermediario con el Reino Unido a fin de reanudar un diálogo interrumpido sobre el tema de las Malvinas. En el encuentro posterior al almuerzo que Cristina Fernández ofreció en un salón de un hotel de Roma a los medios informativos, habló de su almuerzo con el papa pero no hizo ninguna referencia a lo que Francisco le contestó con respecto a su petición de intermediario en el asunto de las Malvinas. Para Cristina Fernández el asunto de las Malvinas es un tema muy sentido por los argentinos, y recuerda que existen 18 resoluciones de Naciones Unidas que proponen el diálogo entre Argentina y Reino Unido.

Bergoglio ya destacó hace algunos años que «las Malvinas son argentinas». Claro que David Cameron no opina lo mismo y alega que el referéndum celebrado en las islas sus habitantes, en un 98,8% quieren formar parte de Reino Unido.

En un discurso que pronunció la mandataria argentina en un antiguo centro de torturas de la dictadura, demostró que se había escuchado el discurso del papa impartido durante la vigilia de su asunción. Y Cristina Fernández utilizó términos calcados de las palabras del papa que había destacado que «no haya odio, que no haya pelea, dejen de lado la envidia». Cristina Fernández, casi utilizando un lenguaje religioso, hizo hincapié en huir del odio y el egoísmo y reconstruir el amor al prójimo.

En todos los políticos argentinos está en la mente las elecciones legislativas del próximo octubre de 2013, y la necesidad de tener al lado un potente aliado como el papa Francisco.

La oposición política encabezada por Mauricio Macri, alcalde de Buenos Aires, y el partido Propuesta Republicana (PRO) ven como un aliado al nuevo Pontífice. No cabe duda que Francisco influirá en la política argentina, y creo personalmente que en la de todo el mundo.

Cristina Fernández ha suscitado disgusto en Estados Unidos por su pacto con Irán, también ha sido una decisión que la enfrenta a la comunidad judía. Su reconciliación con el papa forma parte de su estrategia política para buscar aliados frente a norteamericanos y judíos, dos potencias económicas que podrían causar graves problemas financieros en su país.

La dictadura y el silencio de la Iglesia

La dictadura argentina ha envuelto a Francisco en agrias polémicas. Quiero destacar, inicialmente, que con respecto a su comportamiento en estos terribles momentos de dictatorial poder militar, mi postura es objetiva. Creo que no existen suficientes pruebas para implicar al papa Francisco en los hechos de que se le acusa. La inocencia es patrimonio de cada ciudadano en una democracia, la culpabilidad hay que demostrarla. Es el principio de que todo hombre es inocente mientras no se demuestra lo contrario. Trataré de aplicar ese principio a lo que sigue a continuación.

Inmediatamente que se supo que Bergoglio había salido elegido papa en el Cónclave, sus detractores, en algunos casos eclesiásticos de su archidiócesis, empezaron a recordar que Bergoglio calló ante los desmanes de los militares durante la dictadura. Incluso las Abuelas de la Plaza de Mayo han solicitado que se le investigue en el robo de bebés por parte de los golpistas, así como por la desaparición de jesuitas.

La dictadura argentina fue extremadamente cruel con sus opositores a los que llegó a arrojar desde aviones militares al mar y a las aguas del río de la Plata. Fueron momentos en que los jerarcas de la Iglesia católica parecían narcotizados. Los historiadores les acusan de haber callado desde 1976 hasta 1983, algunos historiadores incluso mencionan una complicidad entre la Iglesia y la dictadura. Se calcula que la Junta Militar de la dictadura argentina asesinó a 30.000 personas en uno o dos años, personas que en algunos casos eran guerrilleros o simplemente ciudadanos de izquierdas, y en otros casos civiles inocentes.

Cuando se inició la dictadura, sesenta obispos de argentina se reunieron para evaluar la situación. Cuarenta de ellos votaron no realizar ninguna pronunciación pública contra la dictadura y actuar de forma reservada. La población argentina tuvo la impresión que apoyaban el golpe militar, ya que la presencia de los obispos se hizo evidente en los nuevos actos militares, con ello daban la impresión que apoyaban el golpe. La realidad es que, incluso el premio Nobel de la Paz Adolfo Pérez Esquivel, fue contundente en el hecho que hubo complicidades de la jerarquía eclesial y el genocidio de los militares. Referente a Bergoglio no lo consideró cómplice de la dictadura, pero sí falto de coraje en acompañar a los que luchaban por los derechos humanos.

Si bien no es una disculpa, si no más bien una falta de conocimiento cultural, muchos obispos tenían miedo a que el comunismo ocupara el lugar de la dictadura, se sentían más seguros con una derecha que respetaba sus derechos que con una izquierda atea. Tenían una pobre idea ya que pensaban que la represión sería mayor con los comunistas, y no veían como la ultraderecha militar era capaz de los crímenes más horrorosos para mantener sus ideales.

En cuanto a Francisco otros argentinos lo han acusado de haber apoyado la represión. Bergoglio siempre ha atribuido estas denuncias a campañas orquestadas en las que está detrás el gobierno argentino, ya que muchas de estas denuncias se han producido cuando hubo enfrentamientos entre Bergoglio y los Kirchner. En el año 2000 Bergoglio pidió perdón por no «haber hecho lo suficiente» durante los años de dictadura militar en Argentina. Igual como existen detractores contra Bergoglio también han surgido defensores que fueron perseguidos por la dictadura argentina y que, discretamente, fueron ayudados por el ahora papa. Los obispos argentinos han negado cualquier vínculo de Bergoglio con la dictadura y su supuesta colaboración en el secuestro de dos curas jesuitas. Incluso un jesuita secuestrado y torturado dio por cerrado aquellos hechos, en los que existieron dudas sobre la actuación de Bergoglio, entonces era jefe de los jesuitas argentinos. Bergoglio fue sospechoso de haber delatado a las autoridades a los jesuitas detenidos.

SIGNOS DE CAMBIO

Hasta ahora han sido simbólicos pero ya se han apreciado signos de cambio en el nuevo papa. Desde el primer momento ha utilizado solamente la sotana blanca, sin otros revestimientos propios de su nueva dignidad. Y sobre todo sus palabras han sido un continuo recuerdo de la pobreza existente en el mundo.

Otro signo de cambio y de aproximación a la población se materializó el jueves 28 de marzo 2013, en vez de ir a la Misa de la Cena del Señor, que se realiza en la basílica de San Juan de Letrán, acudió a una cárcel. Quiero destacar que en esta basílica se encuentra la tumba del papa Silvestre II, con una extraña leyenda que asegura que la lápida «suda» cuando se avecina la muerte de un papa. Una lápida que ha sido peregrinación de morbosas visitas cuando un papa ha estado gravemente enfermo.

Francisco no acudió a Letrán, sino a una cárcel de menores de Roma. En esta cárcel de menores procedió a lavar los pies a 12 presos, entre ellos una mujer musulmana. Lo mismo que hizo Jesús en la última cena con los apóstoles. Un acto de humildad que ningún papa había realizado anteriormente, y que dicen molestó a algunas facciones conservadoras de la Iglesia por el hecho de haber lavado el papa los pies de una musulmana. No deja de ser un signo de acercamiento a otras religiones, especialmente al Islam, con el que Benedicto XVI tuvo deslices imperdonables en sus discursos.

Otro signo del cambio lo tenemos en que Francisco ha renunciado al lujoso coche oficial y a parte de la escolta y ha sustituido el papamóvil blindado por un coche descubierto para transitar por la Plaza de San Pedro. Unos cambios que suponen un dolor de cabeza para los miembros de la seguridad papal, una pesadilla para sus guardaespaldas, a los que cualquier cambio, por insignificante que sea en una trayectoria por la Plaza de San Pedro o el hecho de que el papa se detenga para saludar, imponer las manos o besar niños, lleva a los guardaespaldas de seguridad a tener que consumir litros de tila después del acontecimiento. Siempre existe en el mundo un fanático capaz de inmolarse o atentar contra un dignatario o el papa para reconfortar su perturbado ego.

Otro de los cambios que ha realizado es invitar a su misa de las siete de la mañana a los trabajadores del Vaticano. Tampoco quiere vivir, por momento, en el apartamento pontificio del tercer piso del Palacio Apostólico, y prefiere quedarse en una habitación de la residencia de Santa Marta.

Da la impresión de que Francisco no quiere los aposentos donde Benedicto XVI vivió aislado y «secuestrado» por su secretariado. Ni en los que murió misteriosamente Juan Pablo I. Estas estancias han sido utilizadas por todos los papas desde que Pío X se instaló en ellas en 1903. El último en utilizarla ha sido Joseph Ratzinger, compartiendo este complejo de habitaciones con su secretario personal, monseñor George Gänswein; el segundo secretario, el sacerdote maltés Alfred Xuereb, cuatro laicas consagradas (Carmela, Loredana, Cristina y Rosella), sor Birgit Wansing que le ayudaba como secretaria en la redacción de sus escritos. También eran compartidas por el mayordomo Paolo Gabriele que tantos dolores de cabeza le ocasionó.

Francisco prefiere vivir de una forma que concuerde con los demás sacerdotes y obispos. Así que, por ahora los apartamentos pontificios seguirán cerrados y Francisco seguirá en la residencia donde se alojaron los 115 cardenales electores durante el Cónclave. Un edificio que está a pocos metros de la basílica de San Pedro, en el interior de los muros del Vaticano.

«NOS NECESITAN DONDE HAY SUFRIMIENTO»

Es evidente que Francisco está buscando la complicidad de sus fieles en todo el mundo con sus cambios y sus posturas; una complicidad que no encontrará dentro del equipo del Vaticano, reacio a cualquier cambio. Una complicidad con los fieles le permitirá ganarse su simpatía y acometer cambios que las altas jerarquías del Vaticano no aprueben. Ahora Francisco debe escoger con especial cuidado a sus ayudantes, la gente de confianza que le tiene que rodear. Los teólogos piensan que debe prescindir de todo el grupo anterior, que debe renovar la sabia «empresarial» que maneja la difícil estructura del Vaticano, especialmente si quiere realizar cambios de envergadura en la Iglesia católica.

Francisco ya se ha reunido con las comunidades religiosas, como los jesuitas y el Opus Dei, reuniones de las que no ha trascendido casi nada, pero en las que con seguridad habrá recalcado la necesidad de cerrar viejos enfrentamientos y colaborar entre ambas. Una empresa difícil para el Opus Dei y los Neocatecumenales que ahora verán disminuido su poder en el Vaticano.

Referente a los futuros colaboradores de Francisco, este ha sido claro y contundente, no busca gestores ni administradores, sino instigadores y agitadores, clérigos que se entreguen al sacrificio y que colaboren en la ayuda de los más necesitados, colaboradores que se olviden de la pompa del Vaticano y que se mezclen con los ambientes periféricos del mundo donde abunda la pobreza y son más necesitados, gente, como él mismo destacó, que acudan allí donde se necesitan: «Nos necesitan donde hay sufrimiento».

La actitud de Francisco significa un nuevo cambio en el Vaticano, un cambio que algunos ven con esperanza y otros con escepticismo. En principio otorgo un voto de confianza pero también soy escéptico por el hecho de que en el Vaticano existen muchos poderes ocultos intransigentes con la modernidad, muchos intereses que no quieren que nade cambie. Mi reflexión es evidente: ¿Le permitirán los poderes ocultos del Vaticano realizar este giro? ¿Podrá el papa implantar su nueva política sin poner en peligro su vida?

Hay intereses en el Vaticano que, si bien ven una gran oportunidad la presencia de un papa Latinoamericano que incrementará su poder en el Tercer Mundo, también son reacios a cambios que modifiquen la ortodoxia de la Iglesia.

Dos papas juntos por primera vez en seis siglos

Sin duda fue el momento más esperado de todos los fieles y mandatarios de la Iglesia católica y no católica, también había cierto morbo por ver a los dos papas juntos, saber qué se dirían y cómo se comportarían el uno frente al otro en su primer encuentro. Era un acontecimiento mundial, de hecho era la primera vez en seis siglos que dos papas con vida estarían juntos.

El encuentro tuvo lugar el 27 de marzo, cuando el recién nombrado Francisco, viajó en helicóptero desde el Vaticano a Castel Gandolfo para mantener este esperado encuentro privado entre los dos papas.

Las cámaras, muy escasas y del Centro Televisivo Vaticano fueron las únicas autorizadas para captar aquel momento histórico. En la pista de aterrizaje de Castel Gandolfo, aguardaba Joseph Ratzinger, vestido de blanco con talar y sin esclavina ni faja; Francisco descendió del helicóptero, también de blanco, con su habitual talar, esclavina y faja, y como es ya es habitual en él su calzado normal y corriente.

Este primer encuentro se materializó con un abrazo entre los dos papa, no hubo besos ni reverencias entre ellos, más bien una prudente distancia entre ambos. Antes de conversar, los dos papas fueron a orar a la capilla frente a un cuadro de la Virgen de la Humildad regalado por la Iglesia ortodoxa rusa.

Fue una imagen simbólica de ambos papas arrodillados en el mismo banco, uno junto al otro, sin preferencias de lugares ya que Francisco le había dicho a Benedicto XVI: «Somos hermanos».

Tras la oración ambos papas mantuvieron una charla privada en la biblioteca. Cuarenta y cinco minutos de los que no ha trascendido nada, cuarenta y cinco minutos en que los dos papas debieron de intercambiar opiniones sobre los problemas más importantes de la Iglesia. Anteriormente ya Benedicto XVI había entregado a Francisco el informe sobre el caso Vatileaks y otros 300 folios que contenían otras cuestiones. Posiblemente hablaron, brevemente, sobre las fugas de documentos, intrigas, supuestas corrupciones, el IOR y las amenazas de muerte, pero sobre estos asuntos y su supuesta conversación sólo podemos especular.

Tras este reunión privada un almuerzo en el que estuvieron presentes los secretarios particulares, el alemán Georg Gänswein y el maltés Alfred Xuereb. La conversación tuvo lugar en italiano, idioma que usa casi exclusivamente el nuevo papa, aunque sí ha utilizado expresiones en castellano en alguna rueda de prensa. Destacar que no se expresó en francés, como es habitual, sino en italiano en la recepción del cuerpo diplomático, rompiendo, de este modo, otra de las tradiciones del Vaticano.

¿CÓMO CONVIVIRÁN DOS PAPAS?

Aunque infravalorado por muchos e indeseado por los teólogos, el ex papa Benedicto XVI es un hombre con una gran formación. Hecho que no le impide escribir, durante el pontificio de Francisco libros que puedan crear problemas entre ambos representantes de la Iglesia.

Joseph Ratzinger es hijo de un policía de Baviera, se doctoró en Teología por la Universidad de Munich y obtuvo la cátedra de Dogmática y Teología fundamental en la Escuela Superior de Teología y Filosofía de Frisinga. Fue profesor en las universidades de Bonn, Münster y Tubinga. Ya en el Concilio Vaticano II se consagró como uno de los más prometedores teólogos de la Iglesia.

En 1969 asumió la cátedra de Dogmática e Historia del Dogma en la Universidad de Ratisbona. Fue un teólogo progresista que cambió en su estancia en el Vaticano a integrista y fundamentalista, según algunos teólogos, y se convirtió en azote de la Teología de la Liberación.

Ahora, desde su retiro, ve como un posible papa progresista ocupa el trono de Roma. Nadie sabe como reaccionará ante posibles cambios que él nunca habría permitido. Ha prometido mantenerse al margen, pero eso no le impide escribir ni publicar sus memorias y, quién sabe, si aspectos críticos hacia una Iglesia que puede cambiar de rumbo.

co, Cardenalis creatus à Pio. IIII. qui pi-
lam in armis gestabat.

xis in medietate, signū Sixtus. V. qui axem in medio Leonis in armis gestat.

De rore cœli.   Vrbanus. VII. qui fuit Archiepiscopus Ros-
                          sanensis in Calabria, ubi māna colligitur.

Ex antiquitate Vrbis. Gregorius. XIIII.

facilitas in bello.   Innocentius. IX.

Crux Romulea   Clemens. VIII.

undosus vir.

                                                        Pastor & nauta.

Deas perversa   Animal rurale.   Flos florum.

in tribulatione pacis. Rola Vmbriæ.   De medietate lunæ.

lilium & rosa.   Vrsus velox.   De labore solis.

acenditas eruci   Peregrinus Apostolic.   Gloria oliuæ.

so ician cuftos   In psecutione, extrema S. R. E. sedebit.

...

Pastor & nauta.

Petrus Romanus, qui
pascet oues in mul-
tis tribulationibus,
quibus transactis ci-
uitas septicollis di-
ruetur, & Iudex tre-
mēdus iudicabit po-
pulum suum, finis.

TRES

Francisco, las profecías y el último papa

«Siento que mi fin está próximo. He pedido a Dios que me llame el día de Todos los Fieles Difuntos, para que así quede señalada la vanidad de mi vida terrestre.»

Profecía de Malaquías anunciando su muerte el 2 de noviembre de 1148.

«De regreso de un viaje y, tras dejar en lugar seguro el don del rey, no podrá seguir actuando, porque estará muerto, lo encontrará muerto junto a su cama y su banco.»

Predicción de la muerte de Nostradamus, en 1566, escrita por él mismo.

PROFETAS Y PROFECÍAS

No creo en las profecías, no se puede ser cientificista y aceptar unos enunciados deterministas. Los creyentes en los profetas apoyan un destino predestinado en que soy escéptico. Nada está determinado porque en ese caso nuestro libre albedrío no sería válido. El mahometismo es determinista, todo esta escrito en el gran libro de Alá, por tanto nuestras decisiones contrarias a lo que ya está escrito son inútiles porque no se cumplirán.

Algunos seguidores de las profecías insisten en que muchas de ellas se cumplen. La realidad es que si muchas profecías se cumplen es debido a que manipulamos su contenido, sus palabras, buscamos un sentido que nos interese y conseguimos que coincidan con una realidad vigente. Un ejemplo claro de esta realidad lo tenemos en las profecías de Nostradamus, cuartetas difíciles de interpretar a las que un estudioso agudo puede encontrar varios sentidos y elegir el que más le convenga para que concuerde y armonice con los hechos actuales. En realidad muchos profetas no dejan de ser unos visionarios como Jules Verne o H. G. Wells, o Roger Bacon (1214-1294) que llevó su imaginación a un futuro fantástico. Bacon en *Tratado de las obras secretas de la Naturaleza y del Arte* habla sobre la posibilidad de volar por los aires, de vivir en lugares con puentes colgantes y de vehículos sin tracción animal. Pero una cosa es imaginarse un futuro posible y otra anunciar unos acontecimientos y ponerles fecha.

A pesar de mi gran escepticismo he querido recoger en este capítulo las profecías de Malaquías sobre el último papa y las de otros profetas que también hacen referencia a la Iglesia y al futuro que nos depara la vida a partir del 2013. He escogido algunos fragmentos de sus profecías que me han parecido llamativos, no convincentes. Algunos pueden leerse e interpretarse con facilidad, otros tienen doble y triple sentido.

LA PROFECÍA DE MALAQUÍAS

La profecía de Malaquías anuncia, desde hace cerca de 900 años, que el último papa adoptará el nombre de Pedro y que después de su reinado vendrá el fin del mundo, o tan solo el fin de Iglesia como la que hemos conocido hasta ahora. Es evidente que el papa Francisco no ha escogido el nombre de Pedro. Esta profecía también anuncia la destrucción de Roma o el Vaticano. ¿Está expuesta la ciudad santa a un atentado terrorista de grandes consecuencias?

La ficción cinematográfica que llevó a la pantalla la novela de Dan Brown *Ángeles y Demonios,* el mismo autor que *El código da*

Vinci, basa su guión en la posible destrucción del Vaticano a través de un atentado terrorista perpetrado por la secta de los Illuminati. La profecía de Malaquías está basada en que adjudicó a cada papa un lema personalizado. Lema o divisa que se fue aplicando desde el reinado de Celestino II, que comenzó en 1143.

Sobre Malaquías se sabe que nació en 1094, se ordenó sacerdote en 1120 y fue nombrado obispo en el 1124, a la edad de treinta años. En 1148 enfermó y en noviembre de ese año murió.

Se cree que sus profecías fueran escritas durante su estancia en Roma, ya que la ciudad santa le inspiró para redactar aquellas visiones que perfilan a los papas de los siglos por venir.

En sus profecías, Malaquías, indica el lugar de nacimiento de los papas, el escudo de armas de su familia y los cargos que desempeñará antes de su elección. Sus profecías son bastante coherentes con cada papa.

Algunos historiadores creen que sus profecías son falsificaciones realizadas en el siglo XVI. De cualquier forma, si este hecho fuera cierto, el contenido sigue refiriéndose a los papas del futuro. Al margen de las profecías sobre los papas, que veremos más adelante, Malaquías también realizó profecías sobre la destrucción de Roma. Veremos que todo buen profeta tiene que abordar este tema ya que en sus tiempos Roma era el centro del mundo para muchos. A este respecto destaca Malaquías destaca: «...durante el reinado de Petrus Romanus, será destruida la ciudad de las siete colinas de Roma...y el Juez terrible juzgará al pueblo». Se trata de una predicción a la que no escapaba ningún profeta que se diera de tal. Todos los profetas han escrito sobre la destrucción de Roma, desde Nostradamus o Juan de Jerusalén. ¡Era la moda! Roma era la sede mundial del poder de la Iglesia, por tanto su futuro y su desaparición era un tema de actualidad para la época.

El libro con las profecías de Malaquías fue publicado por primera vez por un monje benedictino, Arnold de Wyon, en el año 1595, con el nombre de *Lignum vital ornamentum et decís Ecclesiae (El madero de la vida ornamento y gloria de la Iglesia)*. Las profecías de Malaquías sobre el último papa desatan muchos interrogantes: ¿Será Benedicto XVI el último papa?, ¿habrá otro papa aclamado fuera del cónclave?, ¿nos encontraremos ante una inminente destrucción de Roma o el Vaticano?

Malaquías destacó las divisas de los santos pontífices desde Celestino II (1143-1144) hasta el anuncio del Juicio Final y el fin del mundo bajo el pontificado de un tal Pedro el Romano, el 112 papa después de Celestino II. Juan Pablo II es el 110 de la lista de Malaquías, suponiendo como falsa la historia de la papisa Juana; en caso contrario, Juan Pablo II sería el papa número 111 de la lista y detrás de él tendríamos a Pedro el Romano como último papa. Sin la historia de la papisa, Juan Pablo II es el papa 110 de la lista de Malaquías y Benedicto XVI el número 111, después de este papa, Malaquías, anuncia la llegada de Pedro el Romano cuya elección se celebrará fuera del cónclave del Vaticano. Si queremos dar una interpretación a esta elección, podemos acogernos a que Bergoglio fue escogido por los cardenales fuera del Cónclave, gracias a su brillante intervención en las Congregaciones, como ya he explicado en el capítulo anterior. ¡Esta es la gran virtud de las profecías, su reinterpretación a gusto del lector!

ALGO SOBRE LOS LEMAS O DIVISAS

El papa Francisco carece de lema y, si se quiere buscar alguna interpretación, sólo se dispone de su escudo papal, en el que se recoge el sello de la Compañía de Jesús, una estrella que recuerda a la Virgen y flores de nardo que simbolizan a san José. Un escudo que le fue entregado, junto al anillo del pecador, el 19 de marzo, por el cardenal decano, Angelo Sodano en la misa que inaugura su pontificado.

- Los lemas de Malaquías son bastante acertados, veamos algunos ejemplos: Celestino II, le corresponde el lema *Ex Castro Tiberis* (De un castillo de Tíber) y, efectivamente, este papa nació en la Ciudad del Castillo, sobre el río Tíber.
- El lema de Lucio II fue *Inimicus Expulsus* (Expulsar al enemigo), y el nombre familiar de este papa era Caccianemici, que significa «expulsador de enemigos».
- El lema de Gregorio VIII fue *Ensis Laurentii* (La espada de Lorenzo). Gregorio VIII fue cardenal con el título de san Lorenzo y su escudo de armas familiar contiene dos espadas.
- El lema de Inocencio III es *Comes Signatus* (Conde de Segni), su nombre fue Giovanni Lotario de Segni.
- El lema del papa número 35 tras la profecía fue *De Suttore Osseo* (Del remendón de Ossa). Este papa era hijo de un zapatero nacido en Ossa.
- El lema de Benedicto XII fue *Abbas Frigidus* (El abad frío), fue nombrado abad de Font-froid en Carbona.
- Con Clemente VIII el lema era de gran precisión, *Schisma Barcinorum* (El cisma de Barcelona), Clamente VIII había nacido en Barcelona y produjo cisma en la Iglesia.
- El lema de Urbano VI fue *De inferno Praegnanti* (El infierno de Pregnani). Su nombre era Bartolomé Prignano y había nacido en un barrio de Nápoles que se denomina Infierno.
- El lema de Alejandro VI fue *Bos Albanus In Portu* (El buey de Albano en Oporto), ya que fue el primer obispo de Oporto y más delante de Albano.
- El lema de Pío V fue *Ángelus Nemrosus* (El ángel del Bosco) y había nacido en Bosco.
- El lema de León XIII, papa 102, fue *Lumen in Caelo* (Luz en el cielo). Durante su papado, el 4 de agosto de 1889, apareció en el cielo el cometa Brooks, que fue acompañado de cuatro núcleos secundarios que se consideran un fenómeno poco habitual en la astronomía de los cometas.

- El lema de Pío X fue *Ignis Ardens* (Fuego abrasador), durante su papado Alemania declaró la guerra a Rusia y después a Francia.
- El lema de Benedicto XV fue *Religio de Populata* (Religión despoblada). Durante su pontificado hubo tres millones y medio de muertos por la Guerra Mundial, quince millones por la gripe, y otros tantos millones por la Revolución rusa.
- Se aprecia que cada lema o divisa, no de todos los papas es bastante coincidente, aunque algunas coincidencias sean rebuscadas. A continuación veremos los lemas de los papas más recientes, los últimos de la lista de Malaquías, ya muy alejados del tiempo en que Malaquías había escrito sus lemas.
- El lema de Pío XII, el número 106, fue *Pastor Angelicus,* en su escudo familiar aparece un ángel.
- El lema de Juan XXIII fue *Pastor y Nauta*, había nacido en Venecia y su sobre nombre fue «el buen pastor».
- El lema de Pablo VI, fue *Flos Florem,* en su escudo de armas aparece un lirio, la flor de flores.
- El lema de Juan Pablo I, fue *Demediate Lunae, y* fue elegido en un día de media Luna y falleció en la siguiente media Luna.
- El lema de Juan Pablo II, papa 110, fue *De Labore Solis,* esta divisa tiene varias versiones en la vida de Karol Wojtyla. Puede hacer referencia a la gran labor que realizó. También al sufrimiento por enfermedades. *Solis,* puede hacer referencia a su viaje al Japón, país del Sol naciente.

Y llegamos a la divisa 111, la de Benedicto XVI, último papa que dispone de lema o divisa. El lema de Benedicto XVI era la Gloria del Olivo. Un lema que puede hacer referencia a varios aspectos, entre ellos a Israel, cuyo símbolo es el olivo, o al Monte de los Olivos en Getsemanía. Sin duda este último lema carece de interpretación acertada. Tras este lema se acaban los papas, por tanto Benedicto XVI es el último papa según la profecía, el próximo papa será nombrado en una época turbulenta, en la que acaece la posible destrucción de Roma o el Vaticano, y será elegido por aclamación popular. Indudablemente el papa Francisco llega en unos momentos turbulentos, pero no es elegido por aclamación popular, tal vez recibido por aclamación popular de Latinoamérica y de todos los fieles católicos quienes lo ven con gran esperanza. Se puede decir que la coincidencia de estos lemas es pura búsqueda de temas que se relacionen. Es verdad que si vamos buscando en la vida de los papas siempre encontraremos alguna relación con el lema... sin embargo, algunos son coincidentes.

La profecía de Malaquías termina con un texto en latín que destaca: *In persecutione extrema Sacrae Romanae Eccleisae, sedebit Petrus Romanus qui pascet oves multis tribulationibus; quipus transactis, civitas septicollis diruetur, et judex tremendus judicabit populum.* (En la última persecución de la Santa Iglesia Romana, ocupará el trono Pedro el Romano, que hará pacer a sus ovejas en medio de numerosas tribulaciones; pasadas estas tribulaciones, la ciudad de las siete colinas será destruida y el juez terrible juzgará al pueblo).

Malaquías, anuncia con este texto que la Iglesia sufrirá una última persecución, durante la cual se encontrará reinando como pontífice Pedro el Romano, quién llevará las riendas de la Iglesia en medio de grandes problemas o tribulaciones, una vez superadas las dificultades la ciudad de la siete colinas, Roma, será destruida y un juez terrible juzgará a los sobrevivientes.

Esta profecía de Malaquías coincide con la de Zacarías y Nostradamus que sitúa estos hechos en el año 2026.

EL PROFETA JUAN DE JERUSALÉN

Las profecías de Juan de Jerusalén nos llegan a través del *Libro de las profecías,* que a partir del siglo XIV también es conocido como *El protocolo secreto de las profecías*. Las profecías de Juan de Jerusalén causan interés porque se refieren a los acontecimientos que transcurrirán a partir del año 2000. Sobre Juan de Jerusalén se sabe, según un manuscrito de siglo XIV encontrado en el monasterio de Zargorsk (Moscú).

Veamos algunos fragmentos de estas profecías, referentes al siglo XXI, ya que son acontecimientos que, en algunos casos, aun no han acaecido.

«Cuando empiece el año mil que sigue al año mil.
El oro estará en la sangre.
Los mandatarios serán cambistas y usureros.
Todas las ciudades serán Sodoma y Gomorra.»

Es evidente que en este milenio el dinero es lo más importante, y que los mandatarios están salpicados por continuas corrupciones. En cuanto a nuestras ciudades, para cualquier hombre del siglo XI serían libertinas y pecaminosas.

«Cuando empiece el año mil que sigue al año mil.
Se erigirán torres de Babel en todos los puntos de la tierra.
Ya no habrá pan para todos.
Entonces, las gentes sin futuro provocarán grandes incendios.»

Hoy vemos como en todas partes del mundo se erizarán grandes rascacielos, edificios de gran altura que son auténticas torres de Babel, en cuyo interior se hablan los más variados idiomas. En Australia y Estados Unidos, se declaran grandes incendios en bosques que obligan a evacuar a la población de las casas cercanas.

En otra profecía, Juan de Jerusalén, describe el poder de la comunicación —Internet, televisión, radio, etc.

«Cuando empiece el año mil que sigue al año mil.
Todos sabrán lo que ocurre en todos los lugares de la Tierra.

Se verá al niño cuyos huesos están marcados en la piel.
Y que tiene los ojos cubiertos de moscas.»

Una profecía acertada ya que Internet y las cadenas de televisión a través los satélites de comunicación nos abren las puertas para saber todo lo que ocurre en todas las partes del mundo. La televisión nos ha permitido ver a esos niños hambrientos de África con los huesos marcados en su piel y sus ojos y boca infectados de moscas.

«Cuando empiece el año mil que sigue al año mil.
La Tierra temblará en muchos lugares y las ciudades se hundirán.../...el lodo inundará los pueblos y el suelo se abrirá bajo los palacios.»

Esta profecía hace mención a los terremotos, algo que se ha convertido en una constante en los últimos años, hemos visto como muchas ciudades han sido afectadas por estos seísmos y, también hemos visto, como avalanchas de lodo y tsunamis han barrido pueblos enteros. Otra de las predicciones catastróficas de Juan de Jerusalén destaca:

«Cuando empiece el año mil que sigue al año mil.
El Sol quemará la Tierra, el aire ya no será el velo protector del fuego, será una cortina agujereada, y la luz ardiente consumirá las pieles y los ojos.»

Para 2100 en adelante. Veamos, resumidamente, que anuncia el profeta:

«Llegados plenamente al año mil que sigue al año mil.
El hombre ya no será el único soberano, pues la mujer empuñará el cetro. Será la gran maestra de los tiempos futuros, y lo que piense lo impondrá a los hombres.»

«Llegados plenamente al año mil que sigue al año mil.
El hombre conquistará el Universo. Navegará en esa nave brillante (...) hacia odiseas celestes. Construirá ciudades náuticas que se nutrirán de las cosechas del mar.»

Las oscuras profecías de Juan XXIII

Quiero advertir que las profecías del papa Juan XXIII, son de dudosa procedencia, ofrecen un panorama revelador que abarca desde 1935 hasta el 2035. Aunque fueran una falsificación están dando una visión del mundo desde 1976, en algunos casos muy sorprendentes. Fue un periodista italiano Pier Carpi quién descubrió, en 1976, la existencia de unas profecías pertenecientes a Angelo Roncali, que al ser elegido Sumo Pontífice, tomó el nombre de Juan XXIII. Los expertos en este tipo de documentos ven un estilo claro y poético de la forma de redactar de Juan XXIII.

Como todos los profetas, tiene algunos fragmentos apocalípticos que hacen referencia a la destrucción de Roma o el Vaticano que recogeré omitiendo otros fragmentos.

«Has vuelto de la montaña, Abraham, trayendo ileso a tu hijo.

La montaña de Italia no desea más sangre de sus preferidos. Ésta es la tercera Italia.

Los papeles aparecieron hace tiempo, la mujer murió y los nombres fueron revelados. Ha sido necesario que muriesen dos Italias para limpiar el pasado. Y las cenizas no han parecido suficientes.

Todos confesaron, excepto quien se suicidó y quien fue muerto. Mas los asesinos fueron apresados uno a uno.

Abraham está en esta tierra en la que el sol se oscureció hace mucho, en la que el Padre de la Madre caminó pisando sangre por las calles de Roma, el primer día.

Hoy Roma ya no lleva este nombre.

Es un recuerdo, y sus palacios están en el norte. Aquí quedan ruinas, ruinas de cosas y de hombres.

Abraham es hijo y padre de Europa y sus hermanos están aquí.

Siete caudillos asesinados en las siete colinas, antes de la tercera Italia, última rebelde de Europa, unida a las banderas rojas por Severo.

Un juramento secreto en el Janículo, una conjura y luego el viento de la libertad. Hermanos entre hermanos.

Alguien llora y reza en la casita de Loreto.

El mundo les escucha cada noche.»

En otras profecías habla de las bombas atómicas que se lanzaron sobre Hiroshima y Nagasaki. También habla de la llegada del hombre a la Luna y de un libro maldito que se encontrará. Así como del descubrimiento en las Azores de unos misteriosos rollos. Destaca el papa: «Los rollos serán hallados en las Azores y hablarán de antiguas civilizaciones que enseñarán a los hombres cosas antiguas que ellos ignoran. La muerte se aleja, el dolor será escaso. Por medio de los rollos, las cosas de la tierra hablarán a los hombres acerca de las cosas del cielo. Los signos cada vez más numerosos. Las luces del cielo serán rojas, azules y verdes, y veloces. Crecerán. Alguien viene de lejos. Quiero conocer a los hombres de la Tierra. Ya ha habido encuentros. Pero quien vio realmente ha guardado silencio. Si una estrella se apaga, ya está muerta. Mas la luz que se aproxima es alguien que está muerto y regresa. La respuesta, al descubierto en los papeles ocultos en el subterráneo metálico de Wherner. El tiempo no es lo que conocemos. Tenemos hermanos vivos y hermanos muertos. Nosotros somos nosotros mismos. El tiempo nos confunde. Bienvenido, Arthur, muchacho del pasado. Tú serás la prueba...».

ULRICO DE MAGUNCIA

Mencionaré muy brevemente a este profeta, ya que si bien hace profecías en las que describe con acierto la llegada del hombre a la Luna, no tiene ninguna referencia a la Iglesia.

Las profecías de Ulrico de Maguncia (1486-1558) nos llegan a través de su discípulo Pentadius en su obra titulada *De Renovatione*. Casi todos los escritos de Ulrico fueron quemados por Pentadius tras la muerte de su maestro por miedo al ambiente religioso de la época. En la actualidad sólo quedan dos ejemplares de sus obras, uno en Colonia y el otro en Berlín.

A partir de los cuarenta años, Ulrico, empieza a tener visiones que reúne en un libro *Arbor Mirabilis* que data de 1527, y en el que aparecen todas sus profecías.

Veamos como Ulrico de Maguncia, con un año de error describe la llegada del hombre a la Luna:

«En el sexto Decenio, año VII (1967), un nuevo Cristóbal Colón desembarcará en una tierra de aridez absoluta. Su nave, concebida para alcanzar la Isla del Oro, no llegará sin embargo más que a la Isla de la Nada. Porque en el lugar al que llegue no existirán plantas ni animales ni vida de ningún género. Quemado por un fuego infernal, helado por un frío más que mortal, el temerario conocerá terrores incontables».

En otra profecía parece que Ulrico nos alerta de los peligros de la robótica, ya que destaca: «Vendrá la era de los Monstruos de Bronce, pues el hombre querrá imitar la acción creadora. Y el hijo de la Bestia será dominado por los Monstruos de Bronce. Porque te advierto: el hijo de la Bestia será menos Espíritu que el Monstruo. Y los Monstruos de Bronce serán más espíritu que el Hijo de la Bestia. Por eso éste resultara herido en el flanco».

¿Son los monstruos de bronce robots inteligentes? ¿Empezarán esos robots a dominar el mundo?

Nostradamus, sus cuartetas y la destrucción de Roma

Las *Profecías* de Nostradamus, constan de diez centurias y dos prefacios, cada una de las centurias está compuesta de cien versos organizados en cuartetos rimados; de la centuria VII sólo se conocen 42 versos. Están escritas en francés antiguo con palabras latinas. Nostradamus dijo que había oscurecido sus predicciones y que en el futuro se encontraría la clave para poder descifrar los textos y su orden histórico.

Sobre el tema obligado de todos los profetas, la destrucción de Roma, en la primera centuria cuarteta 69 leemos:

«La gran ciudad de los siete montes, después de la paz conocerá la guerra, el hambre y la revolución, que se extenderá hasta muy lejos, arruinando grandes países, y también las ruinas antiguas y la gran fundación».

La centuria segunda cuarteta 93, habla del secuestro de papa, algo que no ha sucedido y de la destrucción de palacio del Vaticano:

«Muy cerca del Tíber (Roma) amenazarán los libios. Poco antes habrá una gran inundación.

El jefe sagrado (papa) será capturado y hecho prisionero, en llamas en el castillo (Castel de Sant'angelo) y el palacio (Vaticano).

En los lugares incendiados, huirán a causa de la enfermedad, el tiempo será caprichoso y el viento traerá la muerte a tres dirigentes.

Del cielo caerán relámpagos, que devorarán las tierras de los tonsurados (los cardenales del Vaticano).

Casi muerto el Grande (el papa), su sucesor apenas gobernará.

Caerá fuego del cielo y la ciudad arderá hasta consumirse.

Al mismo tiempo habrá una tremenda inundación.

Cerdeña será vejada por la flota norteafricana y en la Iglesia quedará vacante el asiento del poder (el trono de Roma)».

Cuatro

Los jesuitas

«Ad maiorem Dei gloriam» (A la mayor gloria de Dios).

Lema de la Compañía de Jesús.

La Compañía de Jesús

Es la primera vez que un papa jesuita llega al Vaticano, es una oportunidad para la Compañía de Jesús que había sido marginada desde hace muchos años por los anteriores papas sea reconocida en sus valores éticos y de humildad.

La Compañía de Jesús, fundada en 1540 por Ignacio de Loyola, tiene unos miembros que hacen voto de pobreza, sin embargo en algunos países no se materializan. En Catalunya dispone de ESADE, una de las mejores escuelas de negocios del mundo creada por ellos, y de las que han salido directivos financieros y bancarios que se han olvidado de la pobreza y la humildad. Destaca el economista Xavier Sala i Martín, que «un papa jesuita puede entender que para mejorar y modernizar el papel de la Iglesia tendría que utilizar las técnicas de análisis, administración y estrategia que los jesuitas enseñan en sus propias escuelas de negocios para liderar una nueva Iglesia católica, SA».

Un papa jesuita no ha dejado de producir cierta inquietud ante el regreso de los jesuitas al Vaticano, tal vez por esa razón Giuseppe Bellucci, portavoz en la Ciudad Eterna, y el padre general de los jesuitas, Adolfo Nicolás se apresuraron a recordar que los jesuitas habían realizado un especial voto de obediencia al papa.

Pese a que los jesuitas han perdido más de mil miembros, en la actualidad son 18.000, aun disponen en todo el mundo de más de 200 universidades y 700 colegios, pero cada vez con más laicos impartiendo clases, debido al descenso de los seminaristas. Entre sus universidades destaca la de Georgetown, en Washington y las de Deusto y Comillas en España.

Los jesuitas son un ejército con independencia dentro de la Iglesia, un ejército dedicado a la evangelización y a la enseñanza y la investigación científica. Controlan la Radio Vaticana y el ya obsoleto observatorio astronómico del Estado Vaticano. También dirigen la prestigiosa Universidad Gregoriana. Sus últimos padres generales, Pedro Arrupe y Peter-Hans Kolvenbach, renunciaron a sus cargos por enfermedad y edad. Destacar que el padre Pedro Arrupe era médico vasco y que en Hiroshima, tras el impacto de la primera bomba atómica, se puso a operar con tijeras y coser ropa de heridos en medio de los escombros y de la peligrosa contaminación radioactiva. Vivió en directo el horror de la utilización del arma más destructora del mundo.

Destacaré que en España la Compañía posee 68 centros educativos en los que forma a unos 75.000 alumnos. Desde su fundación se ha volcado en preparar intelectualmente a las élites de la sociedad, estar presente en el mundo cultural, en la ciencia y el arte.

Saben que en sus colegios pueden formar a miles de menores en las enseñanzas religiosas católicas, y que pese a que muchos dejarán de practicar el catolicismo, otros serán fieles con los que, tal vez, algún día podrán contar, especialmente si llegan a ocupar cargos importantes en la sociedad.

La ideología de la Compañía de Jesús le lleva a evitar cualquier rigidez dogmática y buscar un contacto más directo con la sociedad. Han apoyado la Teología de la Liberación, lo que ocasionó que en El Salvador fueran acribillados a balazos seis profesores jesuitas y dos mujeres que cuidaban sus casas. También han sido defensores de impulsar la comunión con otras religiones.

Joseph Ratzinger se convirtió en un azote contra ellos. Cuando Ratzinger estaba frente a la Congregación para la Doctrina de la Fe, ex Santo Oficio e Inquisición, amonestó al teólogo jesuita Jacques Dupuis por excederse en los límites de la ortodoxia doctrinal en su libro *Hacia una teología cristiana del pluralismo religioso.*

Ya Juan Pablo II había escogido al Opus Dei como compañeros de viaje en el Vaticano, antes que los jesuitas a quienes siempre les recordaba con severidad que debían obediencia especial al Pontífice.

Nada cambió tras la renuncia del padre Arrupe y la llegada de Peter Hans Kolvenbach, hombre humilde que viajaba por Roma en autobús o en bicicleta y rezaba en la postura de loto del yogui, hacía meditación hindú y era vegetariano.

La Compañía de Jesús fue relegada del Vaticano, presionada y castigada por la Congregación de la Doctrina de la Fe, debido a los cambios que experimentó esta orden después del Concilio Vaticano II, aliándose con los teólogos de la Liberación. En 1980 el Vaticano intentó disciplinar a la Compañía de Jesús y prohibió al padre Arrupe que convocara a una Congregación General en 1981, e instigándole a que dimitiera. Arrupe no dimitió, pero fue aislado un año y sustituido por Paolo Dezza, un jesuita octogenario, y más tarde por el padre Pittau, un descontento con la Compañía.

Juan Pablo II emitió una orden en la que suspendía la constitución jesuítica, y en 1983 permitió el nombramiento de Peter-Hans Kolvenbanch. Juan Pablo II, influenciado por el Opus Dei, se oponía a las vinculaciones de esta con la teología de la liberación, a la que ya se cuidó Ratzinger de fustigar.

DE IGNACIO DE LOYOLA A TEILHARD DE CHARDIN

Mientras que Ignacio de Loyola me ha parecido siempre un oportunista y pendenciero, en jesuita Pierre Teilhard de Chardin descubrí uno de los pensadores más brillantes de su época. Veremos brevemente estos dos personajes, el primero el fundador de la Compañía de Jesús, el segundo uno de los pensadores más destacados del siglo XX.

Ignacio (1491-1556) fue en sus orígenes un espadachín, pendenciero y busca pleitos. En el sitio de Pamplona fue gravemente herido en una pierna que los médicos de aquel tiempo operaron chapuceramente dejándole una pierna más corta que la otra. Dicen que perseguía a los cirujanos gritándoles: «¡Banda de inútiles! ¡Reconstruid vuestro trabajo! ¡No estoy dispuesto a cojear el resto de mi vida!». Los cirujanos rompieron nuevamente su pierna y lo intervinieron nuevamente sin ningún resultado. Fue un proceso inútil, lleno de dolor y fiebre que lo mantuvo postrado largo tiempo y que aprovechó para la lectura. Aunque solicitaba libros de caballería sólo le pudieron ofrecer libros religiosos con la vida de los santos. Su convalecencia, a veces con grande acometidas de fiebre, transcurrió entre terribles dolores y visiones.

La herida de la pierna no le permitió regresar a la vida militar, e influenciado por las lecturas de santos decidió volcarse en otra vía de la vida. Lo primero que hizo fue viajar al monasterio de Montserrat, donde colgó su espada en el altar del santuario, arma que hoy se exhibe en dicho monasterio. En Montserrat estudió las reglas benedictinas de estos monjes y se retiró a una cueva de Manresa donde escribió la mayor parte de sus *Ejercicio Espirituales*, del que muchos benedictinos dicen que son una copia de sus reglas. De Manresa partió a Jerusalén con la intención de quedarse el resto de su vida en los Santos Lugares, pero fue obligado a regresar a Barcelona donde se instaló en una pensión de la calle Princesa, donde en un humilde colchón asegura que meditaba y levitaba. El colchón puede contemplarse en la actualidad en una urna de la iglesia de los Templarios en Barcelona.

De Barcelona viajó a Alcalá y Salamanca y finalmente a París. Fue en el barrio de Montmartre donde con nueve compañeros juraron voto de pobreza y castidad. En 1537 se presentó en Roma ofreciendo sus servicios al papa Pablo III, con la intención de fundar un instituto religioso libre de observaciones de tipo monástico y consagrado enteramente al apostolado.

Tras ordenarse sacerdote en 1537 nació la Compañía de Jesús, convirtiéndose en una de las órdenes más importantes del catolicismo. Murió repentinamente en 1556 y fue canonizado en 1622.

Creo que el jesuita Pierre Teilhard de Chardín (1881-1955) ha sido uno de los pensadores más brillantes que ha tenido la Compañía de Jesús. Un pensador que pasa por las concepciones de la biología evolutiva para desembocar en un punto místico del destino humano, ultra-humano y cósmico que converge finalmente hacia el «Punto Omega», a partir del cual Dios se revela como el futuro único y absoluto, toda una perspectiva evolucionista, un paso de la física a la metafísica. Teilhard crea así una propuesta dentro del enfoque ortogenético, y propugna que tanto la materia viva como la inanimada se organizan gradualmente en formas más complejas y conscientes, atraídas por ese centro de convergencia universal —el Punto Omega— que sería un foco supremo de la evolución.

Teilhard creía que la nueva consciencia, parecida a la iluminación mística, reuniría elementos cósmicos que acercarían a los individuos más a Dios. También desarrolló el concepto de «ley de la complejidad-consciencia», que determina que la evolución sigue la dirección de una complejidad creciente, y este aumento de la complejidad va acompañado por un aumento correlativo de la consciencia que culmina en la espiritualidad. Este aspecto ha sido mucho más desarrollado por Ken Wilber en su denominada «gran cadena del Ser».

Para Teilhard el ser humano desempeña un papel esencial en la transformación y propagación de una energía universal: se encuentra en un puesto avanzado del cosmos y debe mantener una cierta tensión energética interna.

Teilhard de Chardin también realizó importantes descubrimientos paleontológicos en China. Algunos investigadores creen que Teilhard descubrió con el llamado «hombre de Pekín» el eslabón perdido, y que fueron fuentes relacionadas con el poder de la Iglesia Católica de la época las que hicieron desaparecer esta fundamental prueba que causaba, en aquellos tiempos, grandes problemas a las escrituras bíblicas y el rechazo al darwinismo.

Hoy se puede destacar que el descubrimiento de Teilhard no fue el «eslabón perdido», pero sí una importante pieza paleontológica de la historia de la humanidad. Brevemente los hechos del descubrimiento y su irremediable pérdida acontecieron como sigue.

En la noche de Navidad de 1929, en un depósito paleontológico de la colina de Chu-Ku-Tien, se encontraron los restos del denominado Pekinensis Sinanthropus, el esqueleto se encontraba entre cenizas, huesos calcinados, útiles y otros elementos importantes, ya que había dejado rastros de su industria lítica. Era un cazador que sabía tallar las pieles. Doce años después los huesos fueron confiados a la guarnición norteamericana que evacuó Pekín en el barco Presidente Harrison. Sin embargo, antes de poder salir la embarcación sufrió una inspección sanitaria y las autoridades chinas se apoderaron de los restos paleontológicos. Desde entonces, 1941, ya no se ha sabido nada más de ellos.

Teilhard de Chardin fue un pensador de la talla de muchos teólogos, paleontólogo y ser con inquietudes que le llevaban a preguntarse: «¿Por qué hay cosas? ¿Por qué tienen fin? ¿De dónde ha surgido este Ser que hay en mí, que soy yo, y que no sabe la razón profunda de su existencia?

ANTECEDENTES INFAMES

La Compañía de Jesús fue en sus orígenes casi una secta temida por muchos por sus presuntos crímenes. Los historiadores de la vida de los papas concuerdan en que Sixto V (1585-1590) fue la primera víctima de los discípulos de san Ignacio de Loyola. Sixto V fue un papa cruel, tuvo sus aventuras amorosas y enfrentó reyes contra reyes. Su estancia en el trono de Roma podría haber sido más duradera de no haber decidido realizar reformas en la Orden de la Compañía de Jesús. Murió envenenado y su cadáver fue arrojado al Tíber. Le sucedió Urbano VII, que también intentó reformar la Orden de los jesuitas, y también murió envenenado por estos. El siguiente nombramiento papal fue apoyado y votado por los jesuitas, que nombraron a Inocencio IX, pero murió a los dos meses de ser nombrado, envenenado por los mismos que le habían ayudado a alcanzar el trono de Roma.

Clemente VIII también amenazó con disolver la Orden de los jesuitas a causa de las guerras que provocaban, pero murió envenenado, igual que su sucesor León XI, tras 26 escasos días de reinado.

Durante el papado de Alejandro VII (1655-1667), los jesuitas incendiaron un gran número de casas en Londres para aniquilar a los presbiterianos. El papa miró a otro lugar y no condenó estos hechos, cosa que le permitió seguir con vida.

El siglo XVIII se caracterizó por la lucha entre el papado y los jesuitas por el dominio del mundo. El primer papa de este siglo,

Clemente XI, vio como moría envenenado por los jesuitas el cardenal Tournon. Inocencio XIII observó con disgusto como los jesuitas ejercen en China una terrible persecución contra el legado Mezzabarba, lo que le lleva a anunciar que realizará una reforma de la Compañía de Jesús, en consecuencia muere envenenado. Benedicto XIV (1740-1758) se ve obligado, ante el crecimiento de la francmasonería en Europa, a pactar con los jesuitas para contrarrestar a los masones y los filósofos de la época.

Durante el papado de Clemente XIII la Compañía de Jesús conspira e intenta asesinar a José, rey de Portugal, por lo que son expulsados de ese país. A partir de ese momento la Compañía de Jesús sufre la primera crisis de su historia al verse afectada por una bancarrota fraudulenta en su seno y ser abolida en Francia. Seguidamente la abolición de Francia se extendió a toda Europa, incluso España de dónde también fueron expulsados. Con España, sigue Nápoles, Sicilia, Malta y Parma. La Compañía es acusada de perniciosa para la sociedad, sediciosa y de atentar contra los derechos de las naciones, así como de instigadores de complots y corrupciones.

Clemente XIII prepara la abolición de la Compañía de Jesús, pero muere la noche antes del día fijado para firmar esta abolición, muere de fuertes dolores estomacales, víctima de un envenenamiento.

Su sucesor, Clemente XIV, es amenazado por los jesuitas tan pronto como ocupa el papado, y viendo las muertes de sus predecesores decide no actuar contra la Compañía de Jesús. Pero tras un par de años, en 1774, de una forma inesperada y fulminante, suprime a la Compañía de Jesús en todo el universo cristiano, y arresta al general de los jesuitas, Lorenzo Ricci y a los principales jefes de la orden. Clemente XIV muere envenenado.

No es hasta 1800 cuando Pío VII restablece a los jesuitas con una bula que se inicia destacando: «...el mundo católico pide con voz unánime el restablecimiento de los jesuitas; reconociendo los frutos abundantes que estos apóstoles han producido en todos...». Ya con León XII los jesuitas obtienen el privilegio exclusivo de la enseñanza en los estados de la Iglesia. También consiguen que se persiga la prensa liberal, y dictan normas morales. En España, Fernando VII restablece la Inquisición y los jesuitas de Valencia celebran un acto de fe en el que queman a un judío condenado por hereje. Fue el último gran acto infame de los jesuitas.

Hoy los jesuitas, a pesar de sus antecedentes infames, son una Orden dedicada a la enseñanza y la investigación, una garantía de educación para miles de familias católicas cuyos padres se han educado en sus centros y desean que sus hijos sigan el mismo camino.

Cinco

Los grandes movimientos cristianos

«Si hay grupos religiosos que podemos calificar de sectarios, también hay tendencias sectarias en todo grupo religioso.»

Jean-Paul Willaime

Una Iglesia paralela

Configuran una Iglesia paralela y sumergida de cariz conservador, poderosos movimientos que en 1998 celebraron en Roma el Congreso Internacional de los Movimientos Eclesiales, en aquellas fechas siete de ellos recibieron el visto bueno del papa, entre ellos Camino Neocatecumenal, Comunión y Liberación, los focolares y los Legionarios de Cristo Rey. El Opus Dei ya tenía su prelatura personal que le permitía unas preferencias ante el Vaticano. En realidad los movimientos citados son diferentes del Opus Dei, ya que poseen formas jurídicas distintas.

Estos movimientos se caracterizan por sus líderes carismáticos y su gran poder de convocatoria y movilización, son capaces de desplazar miles de personas de toda España ante la visita del papa a cualquier ciudad del mundo. Forman una Iglesia cerrada, con pocos preceptos morales, pero con una fuerte noción de pecado, una fe personalizada y una fuerte representación de la familia como base de sus creencias. Indudablemente están contra del aborto y los anticonceptivos, y apoyan que las parejas tengan tantos hijos como Dios quiera. Las familias numerosas es una característica de los miembros de estos movimientos. Para muchos católicos de base son movimientos sectarios, excluyentes, especialmente porque se consideran ser los verdaderos cristianos. Algunos teólogos creen que estas posturas radicales y de creyentes «elegidos» pueden ocasionar que otros creyentes se alejen de la Iglesia.

Para estos movimientos uno de sus objetivos es Latinoamérica, donde según el Anuario Pontificio de 2008 se concentran el 49,8 % de los católicos del mundo. Sin duda un espacio interesantes para evangelizar y a atraer a los creyentes. Tienen en contra que en Latinoamérica son considerados movimientos extranjeros desconocedores de las tradiciones de las iglesias locales. En España lograron afianzarse con facilidad, especialmente en tiempos del franquismo, siendo uno de los países en los que tienen mayor poder y representación.

A continuación veremos muy brevemente uno a uno estos movimientos, su poder y sus ideologías.

El Opus Dei: el poder del dinero

Fue fundado por el fallecido José María Escrivá de Balaguer en 1928, odiado por unos y adorado como un santo por otros, personaje polémico en toda su historia, pero que forjó uno de los movimientos religiosos más importantes del mundo. Su prelado actual es Javier Echevarría.

El Opus Dei tal vez es un movimiento que no tiene muchos fieles, pero la mayoría de ellos representan una élite económica que convierte al Opus Dei en el movimiento más poderoso económicamente. Tiene la ventaja que depende directamente del papa, eludiendo la autoridad de los obispos diocesanos, lo que le ofrece una gran ventaja operativa. Aunque esta ventaja se ha terminado con la llegada del papa Francisco, que tratará al Opus Dei como un movimiento más sin ningún tipo de favoritismos. El Opus Dei agrupa 89.000 fieles en 65 países del mundo, de estos fieles unos 30.000 están en España, el 98% laicos. Sus miembros se dividen en supernumerarios (hombres y mujeres casados); numerarios (célibes que hacen voto de castidad) y alredor de 2.000 sacerdotes pertenecientes a la Sociedad sacerdotal de la Santa Cruz.

El Opus Dei ha tenido en España una fuerte presencia en los gobiernos de derechas desde los tiempos de la dictadura franquista. Gobiernos tecnócratas que han contando con ministros de gran preparación como López Bravo, López Rodó, así como militares como Alfonso Armada. En la Zarzuela han tenido a Fernando Gutiérrez, ex jefe de Prensa, Laura Hurtado, ex secretaria particular de la Reina, y el confesor real Federico Suárez Verdaguer. El Opus Dei ha seguido teniendo una gran influencia en partidos como el PP, a través miembros como Landelino Lavilla, Federico Trillo, Isabel Tocino, Loyola de Palacio, Jorge Fernández Díaz, etc.

El Opus Dei ha escogido sus fieles entre grupos elitistas y empresas destacadas. Ha tenido una importante influencia en numerosos bancos, entre ellos el Banco Popular. Es propietaria de la Universidad de Pamplona y de una de las clínicas más prestigiosas de Europa: la Clínica de Pamplona. Propietario de la escuela empresarial IESE (competencia de ESADE de los jesuitas), y de editoriales de libros de enseñanza de EGB y bachillerato como Rialp, Palabra y Eunsa. Los medios de información han sido también uno de sus objetivos y tiene gran presencia de acciones o propiedad en Europa Press y Ace Prensa. Entre muchas de sus sociedades destaca la Sociedad sacerdotal Santa Cruz.

La llegada de un papa jesuita al Vaticano ha significado un fuerte revés para el Opus Dei, ya que entre la Orden del papa y este movimiento no ha existido *feeling*, más bien un alejamiento inconciliable. Me explicaba un amigo que se encontraba en Pamplona el día en que salió elegido Bergoglio, que los «morros» y malestar era evidente en Pamplona, ya que veían con disgusto el regreso de los jesuitas al Vaticano.

REGNUM CHRISTI-LEGIONARIOS DE CRISTO, Y PECADOS INCONFESABLES

Regnum Christi es la rama laica de los Legionarios de Cristo con 65.000 miembros repartidos en 30 países. Disponen de tres centros de formación para sus religiosos, de los que han salido 800 sacerdotes y 2.500 seminaristas.

Fue fundado en México en 1941 por Marcial Maciel, según algunos vaticanistas, uno de los responsables de que el papa Benedicto XVI renunciase a seguir en su cargo.

Antes de morir en 2008, Marcial Maciel fue acusado de una doble vida, de pederasta, de abuso de menores, mujeres y religiosos. Fue denunciado por seminaristas a los que, según sus declaraciones los había violado. También hubieron denuncias de mujeres con las que había tenido hijos ilegítimos y, según el periódico *Times,* abusaba normalmente de drogas.

La doble vida de Marcial Maciel significó un duro golpe para Benedicto XVI y para el movimiento que había fundado.

El movimiento con seminarios en Salamanca y Roma, así como la Universidad Francisco en Vitoria. También propietaria de la Agencia Zenit y la ONG «Un kilo de Ayuda». Dentro del Gobierno español ha tenido como miembros principales: José María Michavila, Ana Botella, Ángel Acebes y Eduardo Zaplana.

CAMINO NEOCATECUMENAL: LOS NEOCONSERVADORES MÁS PODEROSOS

Camino Neocatecumenal es el movimiento neoconservador más poderoso de la Iglesia católica. Cuenta con un millón y medio de fieles —conocidos como *kikos*—, de los que 350.000 están en España. Su presencia es reconocida en 120 países, con 72 seminarios de los que han salido más de 3.000 presbíteros en todo el mundo, en 6.000 parroquias, con 1.500 seminaristas.

Los Neocatecumenales sólo acostumbran a difundir noticias por sus agencias H2O y Zenith. El motor de este movimiento es su fundador Kiko Argüello, que lo creó junto a Carmen Hernández en 1964. Kiko Argüello es un carismático dirigente, pero también es defensor de los postulados más intransigente del catolicismo. Sus seguidores practican el culto a la personalidad y sus detractores lo califican de iluminado y ultraconservador.

Para Kiko Argüello existe el infierno, el anticristo está por llegar y Europa caerá en la apostasía. Está radicalmente en contra del divorcio y destaca que la nulidad del matrimonio es «una trampa del diablo». También está en contra de los matrimonios del mismo sexo, los anticonceptivos, los preservativos, el aborto, la eutanasia, las ideas socialistas, el separatismo. Ha llegado a afirmar que la homosexualidad es una enfermedad que puede curarse. En realidad está en contra de cualquier progresismo dentro y fuera de la Iglesia, si fuera por él todos seríamos monjes con cinturones de castidad.

Hasta ahora ha tenido línea directa con los papas, especialmente Juan Pablo II. La llegada de un papa jesuita significa un revés para los Neocatecumenales, y para Kiko Argüello que califica a los jesuitas de izquierdosos.

Argüello financia Camino Neocatecumenal con sus donaciones, procedentes de sus discípulos que deben de entregar a Camino Neocatecumenal el 10% de sus ingresos o de su salario.

El objetivo del Camino Neocatecumenal es la reevangelización del mundo, un mundo que está corrompido por las ideas socialistas y de la izquierda. Para ello se ha creado la Fundación Familia de Nazaret para los itinerantes.

La Santa Sede aprobó unos estatutos jurídicos en junio de 2008, como un catecumenado postbautismal, dejando de ser un movimiento, y convirtiéndose en un catecumenado con el reconocimiento de la Santa Sede.

Kiko Argüello tiene el apoyo del cardenal Antonio María Rouco Varela, pero en realidad es una simbiosis, ya que Argüello le facilita los "kikos" en las manifestaciones y los contactos políticos necesarios. Cualquier manifestación de protesta que quiera organizar la Conferencia Episcopal a través de algunas de sus organizaciones, puede contar con miles de fieles, los «kikos», que serán movilizados por Argüello en autobuses y traídos de cualquier lugar de España y Europa si es necesario. Rouco Varela sabe que cuenta con esos «kikos» si se manifiesta contra el aborto, los matrimonios gay, las células madre, etc.

Comunión y Liberación

Todas las quinielas sobre la elección del sucesor de Benedicto XVI daban como vencedor a Angelo Scola, el poderoso arzobispo de Milán, heredero del fallecido Martini y representante de la diócesis más importante de Italia. Sin embargo, los resultados de la elección eliminaron al cardenal Scola y con él, significó la derrota de Comunión y Liberación.

Comunión y Liberación fue fundada en Italia en 1954 por Luigi Guiussani, y reconocido por el Vaticano en 1982.

Posiblemente es el movimiento más culto e intelectual de todos, tiene la Universidad San Damaso (Madrid) y la de Francisco de Vitoria, así como el Colegio Internacional H. Newman Mao. También es propietario de la Asociación Atlántica, Ediciones Encuentro y la ONG Cesal. Comunión y Liberación es el único movimiento religioso que ha dado origen a un movimiento político en Italia, el Movimiento Popular.

FOCOLARES (OBRA DE MARÍA)

Finalmente están los focolares fundado por Chiara Lubich en 1943. Aseguran tener dos millones de adherentes en 182 países. Unos 40.000 en España, con centros de formación en Girona y Madrid llamados *mariápolis* o ciudades de María.

LA CONFERENCIA EPISCOPAL

Menciono la Conferencia Episcopal no como movimiento, sino como centro de poder en España. Nos limitaremos exclusivamente a mencionar su poder mediático en los medios informativos:

Es propietaria en un 90% de la emisora de radio Cope, también tiene mayoría de acciones en ABC Punto Radio, Vocento, 13TV e Intereconomía. En cuanto a los periódicos tiene el 56% de la Editorial *El Mundo*, el semanario Alfa-Omega, la gaceta y el semanario Alba. También tiene acciones en Planeta, *La Razón*, Onda Cero, Antena 3 y La Sexta. Hay que destacar que *La Razón* distribuye *L'Osservatore Romano*.

COLOFÓN PARA UN FUTURO

El origen de muchas luchas internas en el Vaticano ha tenido como fondo la sucesión de Benedicto XVI. La política de Benedicto XVI no gustaba a ninguno de estos movimientos que hemos citado, todos ellos sabían que Ratzinger no perduraría mucho tiempo, y este hecho originó una carrera de estos movimientos para colocar a un futuro papa que fuera próximo a ellos.

La sorpresa se originó cuando el papa elegido resultó pertenecer a una Orden, para algunos, maldita: los jesuitas.

Para el Opus Dei ha sido un revés importante, ahora dejarían de tener la ventaja de depender directamente del favoritismo del papa, lo que les permitía eludir la autoridad de los obispos diocesanos.

Saben que el papa siempre tendrá cierto favoritismo por la Orden a la que pertenece, los jesuitas; y Opus Dei y Jesuitas no han sido buenos compañeros de viaje. ¿Puede confiar el Opus Dei en explicar sus estrategias a un papa que pertenece a un Orden que compite con ellos? Mientras los jesuitas discrepan en utilizar fórmulas que tiendan a enriquecer la Orden, el Opus Dei lucha por el poder, y el dinero es poder.

Se auguran unas relaciones difíciles entre un papa jesuita y el Opus Dei. Pero más difíciles serán con los Neocatecumenales, ya que entre los jesuitas late todavía las calificaciones de «izquierdosos» que les profesó Kiko Argüelles y la poca simpatía que le inspira la Orden a la que considere aperturista, especialmente en la investigación cosmológica. Por su parte para los jesuitas se hace difícil congeniar con un movimiento calificado de ultraconservador e integrista.

Los que quedarán fuera de toda influencia serán los Legionarios de Cristo-Regnum Christi a causa del escándalo sexual de Marcial Maciel. Saben perfectamente que Francisco, una de las primeras cosas que hará, es poner coto a los escándalos sexuales y apartar del Vaticano a todos aquellos implicados en estos temas.

Durante muchos años Los Legionarios de Cristo-Regnum Christi sufrirán el estigma de Marcial Maciel, su engaño e hipocresía, su escándalo sexual de una magnitud insospechada en un hombre en el que el papa y muchos cardenales habían depositado su más sincera confianza. Igual como a los jesuitas les ha costado años purgar su comportamiento en el pasado, a Los Legionarios de Cristo les costará que recuperar su confianza en el Vaticano y entre sus fieles.

Comunión y Liberación, con el gran favorito, Angelo Scola deberá replantearse su papel en este nuevo reinado de Francisco.

Tendrá que optar en mantenerse al margen o aliarse. Su postura con respeto al IOR y el futuro de su principal opositor Bertone decidirán el futuro.

Finalmente quedan los focolares, que no parece que vayan a tener ninguna incidencia en el futuro.

SEIS

EL IOR Y LA MASONERÍA

«Cuando los sacerdotes se portan mal, se portan ciertamente muy mal y cometen delitos que harían palidecer a un pecador corriente.»

Christopher Hitchens *(Dios no es bueno)*

LA EXTRAÑA ELECCIÓN DE PABLO VI

La misteriosa relación de la Iglesia y la masonería se inicia a finales de 1962, cuando Juan XXIII vivía sus últimos momentos de pontificado. Es necesario narrar este acontecimiento para, tal vez, comprender todos los hechos que desembocaron en el primer escándalo del IOR.

Unos días antes de que los cardenales se recluyesen en el Cónclave para elegir al sucesor de Juan XXIII, un grupo de cardenales liderados por Giacomo Lercaro, de Bolonia, se reunían en secreto en Villa Grottaferrata, propiedad del masón Umberto Ortolani. La fuente de esta información, el escritor y periodista Eric Frattini, no precisa el número de cardenales que se reunieron. Acudieron de noche protegidos por el servicio secreto del Vaticano, cuya misión era custodiar a sus eminencias a cualquier hora del día.

En esa peculiar reunión los cardenales decidieron el nombre del cardenal al que debían elegir. Un cardenal que no estaba presente en esta reunión, pero que había sido informado de este encuentro en casa del famoso masón italiano. Se trataba de Giovanni Battista Montini, arzobispo de Milán.

Días más tarde de esta reunión, por no llamarla «tenida masónica», en la quinta votación del Cónclave, fue elegido papa el cardenal Giovanni Battista Montini, que adoptó el nombre de Pablo VI.

Si alguien duda de este acontecimiento y la influencia que tuvo esta reunión clandestina, que acceda a los hechos posteriores a la coronación del papa, en los que nueve días después, Pablo VI decidía recompensar la hospitalidad del masón Ortolani nombrándolo «Gentilhombre de Su Santidad».

Sin duda esta historia fue el prefacio de toda una serie de acontecimientos trágicos que acontecerían en los próximos años, una avalancha de escándalos tenebrosos que implicaban a banqueros, masones, cardenales y el IOR. Una de las historias más periodísticas y a la vez más oscuras del Vaticano.

EL ESCÁNDALO MÁS GRANDE JAMÁS CONTADO

El IOR siempre ha sido causa de escándalos en el Vaticano, el poder del dinero es, a veces, maligno, y como dice el apóstol Mateo no se puede servir a Dios y al dinero. Este mensaje evangélico no lo entendieron muchos cardenales y más bien utilizaron a Dios para manejar el dinero.

Los hechos tienen como antecedente la logia Propaganda Due, P2, del Gran Oriente de Italia. Una logia de carácter secreto para poder iniciar en ella personajes públicos sin que este hecho transcendiera al dominio popular. Su pertenencia a la P2 sólo era conocida por el Gran Maestro de la logia.

Alrededor de la logia P2 se creó una red de tráfico de influencias de gran importancia. Licio Gelli era su Gran Maestro con el apoyo de varios generales, militares y gente de los servicios secretos que pertenecían a esta logia. Pronto la P2 creció, se dice que en ella se iniciaron a cuatrocientos oficiales del ejército, varios diputados democristianos y financieros, entre estos últimos Michele Sindona que tenía estrechas relaciones con el Vaticano. La logia estaba ubicada en la Via Condotti de Roma con la tapadera de Centro de Estudios de Historia Contemporánea.

A través de chantajes y luchas internas en el Gran Oriente de Italia, Licio Gelli llegó a ser Venerable Maestro. El poder de la P2, como veremos más adelante se desató como algo incontrolable. Casi todos los poderosos de Italia estaban adscritos a esta logia, importante firmas como Olivetti, Rizzoli, Varig, Alitalia, etc. Había miembros del Ministerio de Defensa, carabinieri, inspectores de Hacienda, comisarios de policía, magistrados, prefectos, miembros del Tesoro, banqueros del Banco de Italia, Banco di Roma, Banco Ambrosiano, Banco Commerziale, Banco dei Lavoro, Banco de Sicilia, etc. También estaban los embajadores de Argentina y Cuba, así como políticos, diputados y senadores de todos los partidos, entre ellos Silvio Berlusconi.

¿Cómo llegó esta logia a infiltrarse en el Vaticano? Es evidente que una Institución tan poderosa como el Vaticano no podía quedar al margen, sobre todo con un banco como el IOR que no tenía ningún control de la banca europea y que podía realizar todo tipo de transacciones sin necesidad de dar explicaciones a nadie.

Fue Roberto Calvi quién inició o reinició las relaciones con el Vaticano. Calvi se hizo amigo de Michel Sidona con el que realizó operaciones con el IOR. Con estas dos personas el IOR operaba a través del tráfico de influencias y blanqueaba el de dinero de la P2.

El papa decidió, para esquivar los impuestos del gobierno italiano, la venta de activos mobiliarios de la Administración de la Sede Apostólica, ASPA, y del IOR. El papa nombró a monseñor Capri secretario del ASPA y al obispo Paul

Marcinckus secretario del IOR. Marcinckus, fumador de buenos puros habanos, bebedor de whiskys de doce y más años y judoka, fue seducido rápidamente por Sindona y Calvi, con los que cerró, en un viaje a las Bahamas, importantes operaciones bancarias del Vaticano.

Las operaciones bancarias en las que se embarcaba Marcinckus estaban relacionadas con el tráfico de divisas. De ahí Marcinckus se vio implicado en la financiación del regreso del general Juan Domingo Perón al poder en Argentina.

Pero las cosas se oscurecieron para este triunvirato o trinidad, que lejos de ser Dios, Jesús y el Espíritu Santo, eran un obispo, un masón y un banquero. La red de Sindona se hundió en Europa y todas las sospechas de fraudes recayeron en el Banco Ambrosiano y el IOR. Sindona «ahuecó el ala» largándose, primero al Extremo Oriente y más tarde a Estados Unidos. Pronto el papa Pablo VI se enteró de la catastrófica situación que relacionaba las finanzas del Vaticano con la masonería y la especulación. Fue un disgusto como el que tuvo que tener Benedicto XVI cuando leyó los informes Vatileaks sobre el IOR, una lectura que le llevó al despido del director de IOR, esta vez un hombre del Opus Dei.

Pero regresemos a Pablo VI y los hechos del siglo pasado. Para colmo el dirigente de la Democracia Cristiana, Aldo Moro, admitió que personalidades de su partido, compinchados con miembros de la Iglesia fomentaban la corrupción y la estafa. Aldo Moro había firmado su sentencia de muerte, sería la primera víctima de una escabechina increíble. Fue secuestrado por las Brigadas Rojas, otros historiadores creen que fueron grupos con intereses económicos los que perpetraron este secuestro. Fuesen quienes fuesen se cargaron a sus cinco guardaespaldas, lo torturaron y lo asesinaron, abandonado su cadáver en el maletero de un coche en Via Caetani, entre las oficinas de la Democracia Cristiana y el

Partido Comunista italiano, un lugar simbólico que marcaba una dura advertencia hacia la clase política. Aldo Moro escribió varias cartas desde su cautiverio, una de ellas a Pablo VI, un documento que no trascendió a la opinión publica y que formó parte de los secretos del Vaticano.

Pablo VI murió en medio de este tornado de acontecimientos, y le sucedió Juan Pablo I, que a su vez moriría misteriosamente a los treinta y tres días de su pontificado. En el capítulo siguiente veremos algo de esta extraña muerte, mientras tanto sigamos esta espiral de acontecimientos dignos de los tiempos de Al Capone en Chicago.

La siguiente víctima fue un periodista que moría asesinado días antes de que se entrevistase en secreto con Licio Gelli, una entrevista que no debía ser tan secreta y que se convertía en una seria advertencia para todos los periodistas dispuestos a indagar allí donde no debían. La realidad es que nadie podía confiar en nadie en aquellos momentos.

Michele Sindona se vio extraditado a Italia, tras ser procesado en Estados Unidos. Como no podía huir nuevamente fingió un secuestro, pero fue encarcelado, y en marzo de 1968 fue hallado muerto en su celda, le habían dado una dosis de cianuro cien veces superior a la mortal. No cabe duda que sus asesinos querían estar bien seguros que su muerte sería inminente y que se llevaría sus secretos a la tumba.

Los crímenes continuarían sin ninguna distinción de cargos entre las víctimas.

Así, moría asesinado el fiscal Giorgi Ambrosoli, encargado de los escándalos financieros del IOR. Moría abatido a tiros el teniente coronel de los servicios de seguridad de Ambrosoli y el investigador y policía italiano Boris Guiliano, colaborador de Ambrosoli. Otra de las víctimas fue el juez Emilio Alessandrini, encargado de fraudes financieros.

Tal vez aterrorizado por aquellas matanzas, Licio Gelli, abandonó Italia. Calvi era detenido, Marcinckus se refugiaba en el Vaticano de donde no podía salir sin exponerse a caer en manos de la justicia italiana o algo peor, ya que Calvi fue hallado ahorcado en el puente de Blackfriars de Londres, colgado de una viga y con los bolsillos llenos de piedras, otro símbolo con el hombre que siempre había llevado los bolsillos llenos de dinero.

Calvi había huido con 723 millones de dólares de la entidad que dirigía, principalmente fondos del Vaticano. Nunca se supo qué fue de aquel dinero. De todos estos corruptos personajes sólo Gelli logró escaquearse de la justicia en un insólito episodio de detenciones y fugas. Fue detenido en Ginebra cuando salía de una entidad bancaria en la que quizá ocultó parte de su botín o realizó complicadas transacciones internacionales. Fue llevado a la cárcel de seguridad de Champ Dollon de donde increíblemente se fugó.

La verdad es que de una cárcel de seguridad uno no se fuga sino unta a los carceleros o estos hacen la vista gorda por órdenes superiores. Calvi regresó a Italia donde pactó su libertad bajo vigilancia. Se le juzgó por la quiebra del Banco Ambrosiano y se le condenó, pero nuevamente escapó de una forma increíble. Una vez más fue detenido en Cannes y encarcelado hasta que fue ingresado en un hospital de Florencia donde murió de una misteriosa osteoporosis.

La logia Ecclesia del Vaticano

La P2 era la logia secreta de los masones italianos, la logia Ecclesia era la logia masónica del Vaticano. La relación de Marcinckus la P2 hizo sospechar que la masonería se había infiltrado en el Vaticano. Pese a que el FBI insistía en interrogar a Marcinckus, el Vaticano se negaba a entregarlo.

La sospecha de la existencia de una logia masónica en el Vaticano se desató cuando el historiador masónico A. Mora, hombre de gran rigurosidad, llegó a sugerir que Pablo VI fue iniciado en la masonería, hecho que corrobora Malachi Martín en su libro *Vatican*[1]. En el libro *A l'ombra del Papa Infierno,* también se menciona la existencia de una logia masónica llamada Ecclesia, activa desde 1971 con más de cien personas entre cardenales, prelados y monseñores de la curia.

La realidad es que existe una lista de los miembros de esta Gran Logia del Vaticano, una lista que publicó *Publia Gazette,* el *Bulletin de L'Occident Chretien* y reproduce Ricardo de la Cierva en su libro *La masonería invisible*[2]. Esta lista también es, tal vez, la responsable de una muerte más, ya que el cardenal Siri encargó al general Mino una investigación sobre los posibles miembros masones de la curia. Mino no pudo entregarle los resultados de la investigación ya que murió en un extraño e inoportuno accidente con su automóvil. También los generales Fulberto Lauro y Franco Pichiotti, de la P2, declararon ante la comisión parlamentaria de investigación en Italia, que en la P2 había numerosos cardenales y obispos.

En cualquier caso veamos la lista que publicó Cephas Ministry en la que incluye los siguientes clérigos en aquello tiempos, muchos de ellos ya fallecidos:

- Alberto Albondi, obispo de Livorno.
- Fiorenzo Angelini.
- Salvatore Baldassarri, obispo de Ravena.
- Luigi Bettazzi, obispo de Ivera.
- Gaetano Bonicelli, obispo de Albano.

1. Editorial Secker and Warburg.
2. Editorial Fénix.

- Michele Buro.
- Mario Ciarrocchi.
- Donato de Bous.
- Aldo del Monte, obispo de Novara.
- Angelini Fiorenzo.
- Luigi Maverna, obispo de Chiavari.
- Antonio Mazza, obispo de Velia.
- Marcello Morgante, obispo de Ascoli Piceno.
- Francesco Salerno.
- Mario Schierano, obispo de Acrida.
- Dino Trabalzini, obispo de Rieti.

Entre los arzobispos aparecen los siguientes:

- Mario Brini.
- Annibale Bugnini.
- Enzio d´Antonio.
- Alessandro Gottardi.
- Albino Mensa.
- Aurelio Sabbatini.
- Mario Giuseppe Sensi.
- Antonio Travia.

Entre los cardenales aparecen los siguientes:

- Sebastiano Baggio.
- Agustín Bea.
- Agostino Casaroli.
- Achille Lienart.
- Pasquale Macchi.
- Salvatore Pappalardo.
- Ugo Peletti.
- Michele Pellegrino.
- Leo Suenens.
- Jean Villot.

Otros miembros de la curia romana que aparecen en estas listas son:

- Ernesto Basadonna, ex prelado de Milán.
- Mario Bicarella, ex prelado de Vicenza.

- Luigi Dadagio, ex nuncio del papa en España.
- Pío Laghi, ex nuncio delegado en Argentina.
- Virgillio Levi, de *L'Osservatore Romano*.
- Paul Marcinckus.
- Dante Pasquinelli, ex consejero del nuncio de Madrid.
- Roberto Tucci, ex director de Radio Vaticano.

Una lista en la que puede haber nombres que no correspondan ni tengan nada que ver con la logia Ecclesia del Vaticano, pero es la relación que circuló en aquellos tiempos. En cualquier caso una lista escalofriante.

SIETE

Los oscuros designios de Dios

«Habrá tinieblas tan densas sobre la Tierra que se podrán palpar.»

Éxodo 10:21

EL DÍA QUE LLEGÓ AL VATICANO UN HOMBRE BUENO

Tras la muerte de Pablo VI fue elegido Juan Pablo I en un momento caótico de la Iglesia católica, en una época de escándalos y crímenes, en unos momentos en que en su seno había más enemigos que en los regimenes comunistas anticlericales.

Juan Pablo I, era un hombre humilde, bondadoso, un papa que no permitía que la guardia suiza del Vaticano se posternase a su paso. Traía innovaciones teológicas que ponían los pelos de punta a los clérigos conservadores. Se enfrentaba a cautelosos guardianes de las doctrinas que veían con preocupación cualquier cambio en la Iglesia que ellos manejaban. Juan Pablo I era partidario de un control artificial de la natalidad para parar el hambre en el Tercer Mundo, algo que los más conservadores veían como demoniaco. Pero tal vez lo que más preocupó a clero que le rodeaba fue su intención de llevar a cabo una depuración en los asuntos financieros. Juan Pablo I quería depurar el poder de cardenales como Villot, presuntamente adscrito a la logia masónica del Vaticano Ecclesia. Otro hombre a depurar definitivamente era el obispo Marcinckus por sus escabrosas relaciones con la P2, y finalmente estaba el obispo de Chicago, monseñor Coby, del que se decía que gastaba los fondos de su iglesia con una amiga que incluso se trajo en un viaje a Roma. Juan Pablo I se convirtió en un hombre peligroso que había que «neutralizar», utilizando el eufemismo de la CIA para eliminar a alguien. Juan Pablo I empezó a correr peligro desde el instante en que fue elegido. El riesgo de que le sucediera algo aumentaba a medida que solicitaba información sobre las finanzas del Vaticano y el IOR. Alrededor del 23 de septiembre, Juan Pablo I, contaba con abundante información sobre asuntos financieros del Vaticano, así como de otro sospechoso y oscuro clérigo que manejaba las finanzas: monseñor Pavel Hnilica.

Pavel Hnilica se volcó con todas sus fuerza en recuperar la cartera que Roberto Calvi llevaba consigo antes de ser asesinado en Londres. Hnilica estaba dispuesto a pagar millones por esa cartera que llevaba información valiosísima y comprometedora para él y otros muchos clérigos del Vaticano. Era una cartera en la que se suponía que Calvi llevaba la contabilidad secreta de la P2 y del IOR. Esos libros que los contables de los mafiosos consideraban sagrados, y que alguno había entregado a la policía a cambio de inmunidad, nueva personalidad, una operación de estética y una nueva residencia en otro país, precauciones que no servían para nada porque siempre terminaban siendo acribillados en el momento menos esperado.

Juan Pablo I estaba dispuesto a depurar a todos esos clérigos que actuaban como cualquier mafioso y se paseaban inmunes por el Vaticano. Pero toda aquella camarilla estaba al corriente de lo que preparaba Juan Pablo I.

El 28 de septiembre fue el último día con vida de Juan Pablo I, cuya honestidad y humanidad no le permitió pensar que corría el más mínimo peligro. ¿Cómo creyentes en Dios podían llegar a actuar criminalmente?

Juan Pablo I inició el día con una oración en su capilla privada, desayunó rápidamente mientras escuchaba los informativos de la

RAI. Luego se reunió con sus secretarios John Magee y Diego Lorenzi. Tras este cambio de impresiones tenía varias audiencias, entre ellas el cardenal Bernardin Gantin y el padre Riedmatten. Tras las audiencias almorzó con sus secretarios y el cardenal Jean Villot. Reposó la comida con un habitual paseo por los jardines del Vaticano y, seguidamente, procedió a encerrarse en su despacho donde estuvo revisando documentos. Tuvo algunas conversaciones telefónicas con los cardenales Giovanni Colombo, arzobispo de Milán, y Benelli. Aquella tarde, destacan los vaticanistas, Juan Pablo I dejó ir la idea de abandonar el Vaticano, irse a vivir a un barrio obrero de Roma y llevarse con él a los cardenales, reformar la curia y abandonar todo aquella pompa que les rodeaba. Algunos de los purpurados que estaban delante de él cuando profirió estas palabras, denominaron su actitud de «locura evangélica».

A los ocho de la tarde se retiró a rezar el rosario en compañía de dos monjas y sus dos secretarios. Después cenó a desgana una sopa a base de pescado, judías verdes, queso fresco y fruta, la discusión con los cardenales le había afectado. No vio por la televisión los informativos como tenía costumbre pese a que le interesaba mucho estar al día en los acontecimientos del mundo. Murió en su dormitorio alrededor de las cuatro de la madrugada.

Los portavoces del Vaticano fueron confusos al anunciar su muerte. Para darle una aureola de santidad dijeron que había muerto leyendo *La imitación de Cristo* de Tomás de Kempis, la obra de la literatura cristiana más difundida después de la Biblia.

La realidad es que sor Vicenza lo encontró muerto en su escritorio, rodeado de documentos secretos procedentes de la Secretaría de Estado, y apuntes de la acalorada discusión que había tenido antes de la cena. *La imitación de Cristo* estaba en su mesilla de noche.

Su muerte no fue aclarada, el testamento que había escrito después de su nombramiento había desaparecido. El termo de café que cada mañana llevaba sor Vicenza al pontífice estaba intacto cuando se descubrió el cadáver, pero después también desapareció sin dejar rastro, no estaba ni en su habitación ni en la cocina, ni en ninguna dependencia del Vaticano. La guardia encargada de su vigilancia había sido retirada y tampoco se aclaró quién había dado la orden. Hans Roggan, oficial de la Guardia Suiza, explicó que cuando informó a Paul Marcinckus sobre la muerte del sumo pontífice, no se inmutó ni mostró extrañeza. El Vaticano informó que no se le había hecho ninguna autopsia, pero en realidad se le habían practicado tres, de las que nunca se supo nada.

Tal vez las declaraciones que más sospecha suscitaron fueron las de su hermano Eduardo que tres días antes había ido a visitarlo. Eduardo declaró: «Nunca nos habíamos besado ni abrazado, pero aquella tarde él quiso besarme y me abrazó con fuerza. Le pregunté si estaba bien y me dijo que sí. Pero yo me fui con un extraño presentimiento». Eduardo destacó que ese día su hermano le confió: «Hasta los bancos fundados por los católicos y que deberían disponer de gente de confianza se apoyan en personas que de católicos no tienen ni el nombre».

David A. Yallop, autor de *En nombre de Dios*[3], investigó la muerte de Juan Pablo I y recordó en su trabajo que ningún médico de la curia asumió la responsabilidad de dar fe de su muerte extendiendo el certificado de defunción, y su médico personal, el doctor Antonio Da Ros, rechazó que el papa sufriera del corazón.

Pero esta extraña muerte tiene un epílogo misterioso. El padre Giovanni Da Nicola fue quien informó a Juan Pablo I de las malversaciones financieras realizadas por Paul Marcinckus y sus socios a través del IOR. Cuatro días después de la muerte Juan

3. Editorial Planeta

Pablo I, Da Nicola fue encontrado ahorcado en un parque de Roma muy frecuentado por prostitutas y travestis. Había signos de lucha, tenía el cuello roto, pero la policía cerró rápidamente el suceso y lo calificó de suicidio. Para muchos historiadores, tanto la muerte de Juan Pablo I, como la de Giovanni Da Nicola fueron dos claros asesinatos, los móviles eran abundantes y los sospechosos también.

Se creó una comisión cardenalicia, dirigida por los cardenales Silvio Oddi y Antonio Samoré, para averiguar las causas de la muerte de Juan Pablo I. El informe final concluyó que había sido una muerte natural por infarto. Juan Pablo II, su sucesor, ordenó que se clasificase este informe como «secreto pontificio» y que se custodiase en el Archivo Secreto Vaticano.

El abad Ducaud-Bourget diría sobre la muerte de Juan Pablo I: «A la vista de todas las criaturas del diablo que moran en el Vaticano, resulta muy difícil creer que se trató de una muerte natural».

UNA INFAME LISTA DE ENVENENAMIENTOS PAPALES

El asesinato de sumos pontífices es algo habitual en la historia de la Iglesia. Nunca se podrá justificar un asesinato, pero en los lejanos tiempos de los comienzos del cristianismo las luchas entre los representantes de la Iglesia eran algo habitual, los envenenamientos formaban parte del riesgo de aquellos hombres que se hacían llamar papas, y que en la mayoría de los casos eran vividores que no tenían ningún tipo de creencia en lo que representaban.

Realizaremos un corto recorrido entre estos papas del pasado, entre los que encontramos algunos que accedieron al trono de Roma con buenas intenciones, pero fueron inmediatamente asesinados.

Pese a ser los representantes de Dios en la Tierra muchos de estos papas olvidaron su cometido para entregarse a las debilidades humanas. Eran unos tiempos en los que los papas remplazaban a los Césares con reinados absolutos en los que imponían al pueblo su execrable voluntad.

Los antecedentes más lejanos que se disponen sobre asesinatos datan del 556 con la llegada al trono de Roma de Pelagio I, al que se le acusó de haber asesinado su antecesor Virgilio. Hasta Juan VIII, que murió envenado y rematado a golpes de martillo, hubo muchos papas efímeros, pero de los que no se puede probar históricamente que fueran asesinados. Los anales destacan que Juan X fue encarcelado y envenado en su celda.

El nuevo milenio se inicia con Silvestre II, que murió asesinado cuando se encontraba en la basílica de la Santa Cruz. Un papa con buenas intenciones fue Celestino IV que trató de cambiar las costumbres infames del clero, y que murió a los 18 días de su elección encarcelado por el propio clero. Lo mismo le acaeció a Inocencio V, en 1276, cuyas buenas intenciones y deseos de cambios provocaron que muriese envenenado. Vemos como en la historia de la Iglesia los papas virtuosos murieron rápidamente, asesinados muchos de ellos por cardenales, monjes de su entorno u otros cardenales que aspiraban a su trono.

En el tiempo de los Borgia el veneno corrió más que la sal en las comidas. El papa Urbano VI envenenó al papa Clemente VII. Inocencio VII fue envenenado por Benedicto XIII. Alejandro VI, que utilizó el veneno con los que discrepaban con él, terminó siendo asesinado con su propia medicina.

Ya hemos mencionado los envenenamientos que propiciaron los sacerdotes de la Compañía de Jesús. El 1500 fue una época horrorosa, que empezó con la misteriosa muerte de Pío III que apenas reinó 26 días. Adriano VI intentó introducir reformas en el clero para cortar los abusos que cometía la Iglesia y fue envenenado por los propios curas que le rodeaban. Le sucedió Clemente VII, del que se dice que también murió envenenado. Con Sixto V se inician los envenenamientos atribuidos a la Compañía de Jesús. El siguiente papa, Urbano VII, también intentó reformar, como su antecesor, la Orden de los jesuitas, pero murió envenenado. De la misma forma que Inocencio IX que apenas reinó dos meses. Clemente VIII, que quería disolver la Orden de los jesuitas a causa de las guerras que provocaban, también murió envenenado, igual que su sucesor León XI tras veintiséis escasos días de reinado.

Ya en el 1700, Inocencio XIII decide reformar la Compañía de Jesús a causa de sus guerras en China, pero muere envenenado. Clemente XIII muere la noche antes de firmar la abolición de los jesuitas, supuestamente a causa de un envenenamiento que le produjo terribles dolores de estómago, de la misma manera moriría Clemente XIV. Desde este último papa tienen que transcurrir 204 años para que se produzca una sospecha de asesinato en el Vaticano con la misteriosa muerte de Juan Pablo I.

CHRISTVS VINCIT
CHRISTVS REGNAT
CHRISTVS IMPERAT
CHRISTVS AB OMNI MALE

OCHO

La batalla de Francisco con los renglones torcidos de Dios

«Conoce al que está delante de ti y lo que queda oculto te será
descubierto.»

Jesús en el Evangelio de Tomás.

PREDICAR CON EL EJEMPLO

Todo parece indicar que se va a producir un cambio en la Iglesia a raíz del nombramiento de Francisco. Por lo menos esa es la esperanza de muchos. Aunque personalmente siempre he pensado que una cosa es la voluntad de un nuevo papa en realizar cambios y otra es lo que le permite la curia. Ya hemos visto de lo que es capaz esa curia cuando impotente no puede parar los pies a su Santo Padre, lo hemos visto entre los buenos papas a lo largo de la historia y en la sospechosa muerte de Juan Pablo I.

Por lo menos una parte de los príncipes de la Iglesia sabía a quién escogía en el Cónclave, otros había sido seducidos por sus palabras en las Congregaciones anteriores. Sabían que era un candidato dispuesto a realizar cambios en la Iglesia, a reorientarla, a luchar contra la pobreza en el mundo, a dialogar con todos y, sobre todo a predicar con el ejemplo.

Parte de estas intenciones se reflejaron en la primera homilía de Francisco ante los 114 cardenales que lo habían elegido. Con un vocabulario sencillo, alejado de los discursos de alto contenido teológico de Benedicto XVI, vino a decirles que el único camino para reconducir a una Iglesia en crisis era regresar al camino, a la esencia del cristianismo, que era imprescindible llevar «una vida irreprochable», un serio aviso a muchos de aquellos cardenales opulentos y pecadores. También destacó que había que salir de los palacios y mezclarse con la gente más necesitada, otro serio aviso a la pomposidad y vida palaciega de muchos cardenales. Sobresale un fragmento de su intervención en la que les dijo a los cardenales: «Yo querría que todos nosotros, después de estos días de gracia, tuviéramos el valor, realmente el valor, de caminar en presencia del Señor, de edificar su Iglesia con la sangre del Señor derramada sobre la Cruz y de confesar la única gloria de Cristo crucificado. Solo así la Iglesia irá adelante».

Sus primeros días como papa ya revelaron que estaba dispuesto a realizar muchos cambios. Tras la primera visita a una basílica romana para rezar en privado, solicitó al chofer del Vaticano que lo acercara a Via della Scrofa para recoger su maleta del alberge en que había estado sus primeras noches en Roma y pagar la factura de su estancia.

También rehusó al coche lujoso que ha trasladado a los últimos papas e insistió en una reducción del personal de seguridad que compone su escolta. En su indumentaria mantiene su calzado habitual y ha sustituido la cruz de oro que usaba Benedicto XVI por una de plata. Su primera carta ha tenido como destino el barrio judío de Roma, al otro lado del Tíber, dirigida al rabino de Roma, el doctor Riccardo di Segni, para renovar el espíritu de colaboración entre ambos e iniciar un diálogo interreligioso. Como consecuencia el presidente Simon Peres ya ha procedido a invitarlo a Israel.

Ya no son solo gestos, son realidades que marcan un nuevo camino de un papa que no está secuestrado en sus aposentos como Benedicto XVI. En su primera cena con algunos de los cardenales, en un tono de ironía y no de advertencia, les dijo referente a su elección: «Quizá Dios os perdone».

IDEARIO DE BERGOGLIO

En la bibliografía de Bergoglio constan doce libros escritos por él desde 1982 a 2012, me perdonará el lector que ose escribir un libro sobre el nuevo papa y no haya leído ninguna de sus obras[4]. Creo que ni los cardenales que lo han elegido las han leído, posiblemente sí alguno de los teólogos de la Liberación en Latinoamérica, y ahora se habrán apresurado a adquirirlas los teólogos más importantes del mundo y que más han discrepado con el anterior papa. En cualquier caso, con este vacío editorial, creo que se puede recoger parte del ideario de Bergoglio a través de sus homilías y documentos. De ellos recojo algunos fragmentos que nos pueden ayudar a saber cómo piensa el nuevo papa.

Cuando estuvo a punto de desatarse lo que se conoció como el «corralito» en Argentina a consecuencia de la crisis por la que atravesaba el país, Bergoglio destacó en el documento *Queremos ser nación* que como obispo creía que una de las enfermedades más graves que se padecía era «de reflejo político y económico, con un origen moral». Acusó al Estado de endiosamiento y de estar anclado en «el envilecimiento, propio del más crudo liberalismo». Hacía referencia, en este mismo documento, a la venta de las empresas del Estado, algo que se realizaba sin «tener en cuenta que eran instrumentos creados para servir al bien común, y para ser garante de la equidad y de la solidaridad del entramado social». Denunció la evasión de impuestos y el despilfarro del Estado.

En su homilía en el Tedeum de 2004 habló muy severamente sobre la información, su mediocridad y su confusión. Era un

---

4. El lector encontrará en la bibliografía los libros que se han publicado recientemente sobre el nuevo papa y que han salido a la venta cuando este ya estaba en imprenta.

reproche a los medios informativos de su país, a la prensa amarilla que se valía de noticias espectaculares para desviar la atención sobre lo verdaderamente importante. Información que calificó de «opaca». Destacaba textualmente: «Curiosamente tenemos más información que nunca y, sin embargo, no sabemos qué pasa». Calificó esta información de «cercenada, deformada, reinterpretada», una información global que «empacha el alma pero en la que no hay profundidad en el saber». Terminaba este Tedeum con una célebre cita del Mayo del 68 «Prohibido pensar», al destacar: «Es la época del pensamiento débil... del prohibido pensar y crear».

Su mensaje del Miércoles de Ceniza de 2009 hace referencia a su principal preocupación, la pobreza y la indiferencia con la que nos vamos acostumbrando a verla en las calles de nuestras ciudades. Describe el aterrador hecho de esos hombres y mujeres de todas las edades pidiendo limosna, rebuscando en las basuras, durmiendo en la esquinas. Destacaba: «Con el acostumbramiento viene la indiferencia: no nos interesan sus vidas, sus historias ni su futuro. Cuántas veces sus miradas reclamadoras nos hicieron bajar las nuestras para poder seguir de largo».

En 2009 pronunció una conferencia en la que hizo referencia a la deuda social y las privaciones que a una parte de la sociedad suponía. Criticó que el sistema excluya de la participación de los beneficios a una parte de la clase social.

Sobre la esperanza de los jóvenes se volcó en su sermón en una misa en 2010, en el que insistió en la necesidad de llamarlos a ser educados en la esperanza. Y acusó a los educadores de preparar a los jóvenes argentinos «para la esperanza de la esquina donde por unos pocos pesos pueden comprar la pasta base», haciendo referencia a las drogas.

Su postura sobre el matrimonio homosexual se recoge en unas declaraciones que realiza en julio de 2010. Calificó estos enlaces como «una pretensión destructiva al plan de Dios (…) de una movida del padre de la mentira que pretende confundir y engañar a los hijos de Dios». Y en este contexto tan conservador, Bergoglio, hace referencia a la «envidia del Demonio, por la que entró el pecado en el mundo». Un pecado que según él destruye el mandato que recibe el hombre y la mujer de «crecer y multiplicaros».

Veremos, desde el Pontificado, cual será la postura del papa Francisco, con respeto a este importante colectivo aceptado por muchos fieles y sacerdotes. Es evidente que no lo puede olvidar y que en los futuros países que visite se encontrará con leyes permisivas al respecto que no podrá cambiar. Su actitud le enfrentará, en sus viajes, a más de una manifestación de gays y lesbianas.

A través de las homilías de dos misas, una en 2010 y la otra en 2011, vemos la clara ideología de Bergoglio ante el tema de la explotación humana que él califica de esclavitud. Acusa, en la primera homilía, a los que nunca dan la cara y que siempre salvan el pellejo, a los que sacrifican vidas humanas y someten a la esclavitud otros ciudadanos. En la segunda homilía recuerda que «cuando el trabajo no es lo primero sino que lo primero es la ganancia, la acumulación del dinero, ahí empieza una catarata descendente de degradación moral... que termina con la explotación de quien trabaja».

En una misa en 2012, tenemos una referencia a la tragedia ferroviaria ocurrida en el barrio porteño de Once el 22 de febrero de 2012. Los europeos, lejanos e indiferentes en estos hechos, tenemos que recordar que viajamos en modernos trenes, que lo hacemos en confortables sillones atendidos, en algunos trenes de alta velocidad, por azafatas y personal que resuelve nuestras necesidades de comodidad. Las palabras de Bergoglio recogen las de otro mundo en el que los desplazamientos, siempre por necesidad y no ocio, se hacen, en algunos casos en condiciones inhumanas. En esta misa a los fallecidos Bergoglio dijo estas conmovedoras palabras: «Que no nos acostumbremos, Padre, a que para ganarse el pan haya que viajar como ganado. Que no nos acostumbremos, Padre, a que en esta ciudad no se llore nada, todo se arregla y todo se acomoda. Que no nos acostumbremos, Padre, a la mano fácil que se sacude y dice 'Gracias a Dios a mi no me tocó', y se alinean en otra cosa. Hoy la solidaridad es más, somos hermanos en todo el dolor».

Ya en el 2012, en una homilía en el Tedeum hace referencia al contenido de las ideologías políticas y recuerda que: «Una política sin mística para los demás, sin pasión por el bien, termina siendo un racionalismo de la negociación o un devorarlo todo para permanecer por el solo goce del poder».

Finalmente recojo la postura de Bergoglio sobre el aborto, en un documento obispal del 10 de septiembre de 2012. En este documento muestra su postura antiabortiva. Recuerda que: «(…) desde el momento de la concepción existe una nueva vida humana (…) el derecho a la vida es el derecho humano fundamental. El aborto nunca es una solución».

La postura de Bergoglio sobre el aborto es clara, e indudablemente forma parte del caballo de batalla de la Iglesia desde hace muchos años. Pese a su lucha el aborto ha seguido practicándose legalmente cada vez en más países, con plazos o sin plazos, es una realidad que está ahí, igual que la utilización de los anticonceptivos, las diferencias entre Iglesia y ciencia en la utilización de células madre.

UN DIFÍCIL CAMINO POR DELANTE

Será un difícil camino el del papa Francisco si quiere transformar y modernizar la Iglesia, los pedruscos, los aludes, los baches y los acantilados no los tiene fuera en el camino, sino en su misma casa. En los ecos que resuenan por las paredes de los salones del Vaticano y recuerdan la corrupción financiera, los escándalos sexuales y la ambición de poder de algunos cardenales. Fuera tiene que enfrentarse con los políticos, los banqueros y financieros, los teólogos, los sacerdotes que reclaman el celibato, los ateos no dialogantes, las otras creencias, los gays y lesbianas, los no practicantes y un sinnúmero de colectivos que pueden acarrearle problemas.

Tiene que gobernar una Iglesia que para muchos es ingobernable, un barco que puede ir a la deriva por falta de un timonel con agallas como él mismo dice. Una Iglesia en la que algunos cardenales, como Walter Kasper, creen que debe salir de su centralismo y optar por un gobierno horizontal.

Una Iglesia que tiene que demostrar que está al lado de los más pobres y necesitados del mundo, especialmente en esta época de crisis. Una Iglesia que tiene que volver a sus orígenes si quiere recobrar su credibilidad entre sus fieles.

Seguidamente abordaremos alguno de los problemas más acuciantes con los que el papa Francisco se tiene que enfrentar y debe solucionar. El primero de ellos radica en la banca del Vaticano y sus finanzas, causa de la dimisión de Benedicto XVI que se vio impotente para enfrentarse a un nuevo escándalo financiero como el que se llevó por delante a Juan Pablo I y ocasionó la pérdida de millones de fieles. Otro problema es la de la pederastia y abusos sexuales, un tema importante para que la Iglesia recupere su credibilidad. La aceptación de la homosexualidad es otro de los problemas y no se trata de una aceptación sólo en la sociedad, sino el propio seno de la Iglesia. Otros problemas son el papel que va jugar la mujer en la Iglesia del futuro y el celibato, dos cuestiones espinosas para una de las instituciones más machistas que existe en el mundo.

IOR: Los negocios de Dios

Atravesando las puertas de Santa Ana, a la derecha de la Columnata de Bernini, un poco más allá de la iglesia de Santa Ana y de los barracones de la Guardia Zuiza, se levanta un torreón, construido por orden del papa Nicolás V hace más de seiscientos cincuenta años, que alberga, custodiado por un reten de la Guardia Zuiza, el Instituto per la Opere di Religione (IOR) o como todos la llaman popularmente Banco Vaticano.

Su acceso no es para turistas que visitan el Vaticano, su entrada de mármol y puertas de bronce herméticamente cerradas, sólo pueden ser atravesadas por escogidos miembros de la Curia.

Este banco, que tantos problemas ha ocasionado a los papas, fue fundado el 7 de junio de 1929 por orden del papa Pío XI. Como cualquier entidad bancaria tiene un director ejecutivo, un comité de cardenales y como última instancia las decisiones que adopte el papa.

En el capítulo sexto ya he mencionado uno de los escándalos más importantes en el que se vio involucrado el IOR, y a los asesinatos que desencadenó al estar implicado en el derrumbamiento del Banco Ambrosiano, del cual el IOR era su principal accionistas. Juan Pablo I, antes de su sospechosa muerte, llegó a conocer los negocios mafiosos del IOR, ya que Jean-Maria Villot le preparó un informe con todas las irregularidades. Hoy el papa Francisco también dispone de un documento, Vatileaks, que le revela nuevas irregularidades en este Instituto. Es corriente de todos los financieros, estudiosos del Vaticano y teólogos rebeldes que IOR ha invertido en compañías extranjeras de oscuros negocios, ha lavado dinero para personas bien conectadas con la Iglesia católica. Ha financiado golpes de estado y revoluciones, así como dictaduras de derechas. El IOR esconde secretos peligrosos que involucran a políticos y gobiernos. Por otra parte, el IOR, es un paraíso fiscal en plena Italia.

En la actualidad, aunque nunca se puede hablar con una gran precisión al tratar de cifras, el IOR cuenta con un capital de unos 6.000 millones de euros en 33.000 cuentas de unas 25.000 entidades diferentes. Sus clientes están en todo el mundo, pero la mayoría, el 77% son europeos de los cuales hay un 7% del Vaticano. Los ingresos del IOR pueden tener diversas procedencias, en realidad los únicos que tienen una procedencia transparente son los que genera el Vaticano con las entradas a sus museos o con la venta de sellos. Destacaré sobre la venta de sellos que el Vaticano puede ganar más de medio millón de euros con su venta entre el momento del funeral de un papa y la elección del siguiente, una bagatela entre los muchos ingresos que significan las monedas con el rostro del nuevo papa, su autobiografía, las postales y los souvenirs con su imagen.

Hoy late en su interior un nuevo escándalo que ha hecho renunciar a Benedicto XVI. Los papeles Vatileaks hablan, sin duda, de la necesidad de un control de la banca vaticana y de los cardenales que están a favor de ese control y de los que se oponen rotundamente por profanos intereses. Se rumorea que entre ese 7% de clientes del Vaticano hay varios cardenales. Representantes de la Santa Sede se han apresurado a explicar que ningún papa ha tenido cuentas en el IOR, pero no han confirmado ni desmentido la posibilidad de que existieran cuentas de cardenales. ¿Si no son de cardenales a quién del Vaticano van a pertenecer esas cuentas?

Poco sabemos de este nuevo escándalo, pero algo ha trascendido a partir de que su director Ettore Gotti Tedeschi, hombre del Opus Dei, fue despedido por mala conducta profesional. También fue acusado por la autoridad bancaria italiana de lavado de dinero. Se habla de entre 23 y 30 millones de dólares. Una cantidad pequeña si la comparamos con el escándalo del Banco Ambrosiano, pero que puede ser la punta del iceberg de algo mayor, ya que la justicia romana, en un allanamiento realizado en la casa de Gotti encontró documentos sobre la intervención de prelados y políticos italianos en el IOR, con sus números de cuenta.

Ettore Gotti fue sustituido por el alemán Ernst von Freyberg, al que muchos vaticanistas no han considerado el hombre adecuado para ocupar este cargo dado que tuvo vinculaciones pasadas con astilleros militares.

Varios cardenales han solicitado en las Congregaciones el cierre del Banco del Vaticano. ¿Baraja el papa Francisco cerrarlo? Tal vez un cierre sea excesivo, pero no cabe duda que sí se habrá replanteado darle al Instituto máxima transparencia y fidelidad a las leyes y normas internacionales que ahora no respeta, especialmente integrarse en el sistema internacional Moneyval de lucha contra el blanqueo de dinero.

El IOR debe tener una transformación, y eso lo sabe el papa Francisco desde las airadas protestas de los cardenales en la Congregaciones anteriores a su elección. El Instituto bancario de la más importante religión del mundo no puede ser un foco de lavado de dinero y corrupción. *Familia Cristina*, semanario católico de Italia, ha sugerido que las funciones del IOR sean dirigidas a la ayuda de los más pobres del mundo y no a sospechosas transacciones internacionales. Creo que este es el problema más urgente que tiene que resolver el papa Francisco, ya que ha podido ser la causa principal de la renuncia de Benedicto XVI.

ESCÁNDALOS SEXUALES Y TOLERANCIA CERO

La primera acometida pública de Francisco ha sido la que hace referencia a los escándalos sexuales. Eso no quiere decir que el asunto del IOR no se esté considerando y negociando, los problemas de la Banca Vaticana requieren más prudencia y más tiempo.

En cuanto a los escándalos sexuales, Francisco ya ha realizado sus primeras declaraciones. En ellas manifiesta la necesidad de que la Iglesia «actúe con decisión» con el fin de erradicar los abusos sexuales a menores por parte de los sacerdotes. Quiere el papa que los culpables de estos actos sean juzgados severamente. Al parecer, de lo que transciende de sus palabras y lo que han avanzado los portavoces de la Santa Sede, el Pontífice ya ha mantenido una reunión con el arzobispo Gerhard Müller, presidente de la Congregación para la Doctrina de la Fe, el antiguo Santo Oficio de la Inquisición, una reunión en la que Francisco ha sido contundente y ha insistido en la «tolerancia cero» a esta serie de actos, ya que representan un desmérito para la Iglesia, un importante descrédito para su credibilidad, y la pérdida irremediable de miles de fieles cada vez que un escándalo sexual o de abuso sexual salta a las páginas y pantallas de los medios informativos.

La curia vaticana ha tapado muchos de estos hechos durante el pontificado de Benedicto XVI quien ya se había referido a la gran cantidad de «suciedad que había en la Iglesia». Pero estos hechos no se limitan al pontificado de Ratzinger, se arrastran desde toda la historia de la Iglesia. Acaece que en los últimos años se han destapado hechos en centros espirituales, conventos, colegios y parroquias que corresponden a la era moderna y que no debieran haberse permitido. Hechos en los que la Iglesia miró hacia otro lado cuando debiera haber actuado con contundencia.

Muchos de esos escandalosos sucesos fueron destapados por la prensa norteamericana que atacó con especial saña a la Iglesia católica. Destacan algunos prelados, que si bien los hechos eran auténticos y los medios informativos no los desvirtuaron, muchos de aquellos periódicos fueron presionados por la Iglesia evangélica y protestante que vieron la oportunidad de socavar la credibilidad de un oponente. Al margen de estas batallas religiosas, la realidad es que había sacerdotes y obispos que llevaban años abusando sexualmente de niños y niñas, a los que, en muchos casos se les ha creado traumas y bloqueos psicológicos que han repercutido en sus vidas, sus familias y su comportamiento.

Quiero recordar que la Iglesia católica cuenta con más de 60 millones de fieles en Estados Unidos y es responsable en este país de la formación de tres millones de alumnos que van a escuelas primarias y secundarias. Los escándalos sexuales de la Iglesia católica originaron que más de un tres por ciento de los fieles abandonasen esta religión y se fueran a otras creencias, especialmente las evangélicas.

Durante años han aparecido miles de casos con los nombres de las víctimas y los culpables. En algunos casos culpables directos, en otros casos prelados que había permanecido en silencio ante estos terribles acontecimientos, o se habían limitado a realizar traslados de clérigos pederastas de un diócesis a otra más lejana. Operaciones de maquillaje que sólo ocasionaban que el pederasta continuase su actividad en otro lugar. Es como si a un asesino en serie de Nueva York lo trasladasen a Chicago para quitarse el problema de encima en la ciudad de los rascacielos. Sinceramente, los obispos protegieron a los pederastas, pagaron millonarias indemnizaciones a las víctimas para comprar su silencio y librar de la justicia a los sacerdotes.

Estos escándalos ha representados casi un quiebra económica para las arcas de la Iglesia católica en Estados Unidos. Hubo momentos que las demandas judiciales superaron los mil millones de dólares, lo que obligó a algunas diócesis a vender parte de sus propiedades. La cifra de sacerdotes acusados de abusos sexuales en 2004 llegó a alcanzar un cuatro por ciento.

Los informes oficiales revelaban que el número de denuncias ascendía 10.667, en las que había sacerdotes, 149, que habían sido acusados diez ó más veces. Más del 80 % de los abusos eran de naturaleza homosexual. Sólo en Massachusetts tuvieron que cerrar sesenta y cinco parroquias. Algunos casos fueron de una dureza inimaginable como el del sacerdote Paul Shanley, de Boston, que fue juzgado culpable de violar repetidamente a un monaguillo de seis años de edad en la parroquia que ejercía.

Esto ocurría en Estados Unidos, pero la pederastia de la Iglesia existía en todos los continentes. Y el Vaticano parecía ignorarlo para evitar escándalos que insalvablemente se destaparon.

Esto es lo que el papa Francisco quiere evitar en el futuro, porque irremediablemente actos de esta índole seguirán sucediendo en la Iglesia católica y en cualquier colectivo grande. Es más grave el caso de la Iglesia por el hecho que esta Institución debe dar un ejemplo que no ha podido. La «tolerancia cero», no acabará con estos sucesos, pero si impedirá que queden sin castigo.

La «tolerancia cero» ha tenido sus primeros exponentes recientes en España, en la actuación del obispo de Mallorca, Javier Salinas, que la ha practicado en el caso de un sacerdote denunciado por abusar de varias menores en su parroquia de Can Picart. El Tribunal Eclesiástico ha expulsado al sacerdote, que se enfrenta a una imputación de la justicia ordinaria sin el apoyo de la Iglesia.

Han existido encubrimientos anteriores, por lo que este caso puede calificarse del primero que se ajusta a la «tolerancia cero» demandad por Francisco. Otro caso anterior de encubrimiento en Mallorca, fue el de un catequista que denunció a un sacerdote por abuso sexual a una menor en 1998, pero no obtuvo el apoyo del obispado y el sacerdote siguió ejerciendo, tal vez delinquiendo, hasta que la denuncia transcendió en 2011 a los medios informativos y fue aireada por la televisión.

El caso reciente muestra un cambio en la forma de afrontar la pederastia, ya que el obispo ha salido al paso, incluso, escribiendo en su blog de Internet. Son signos de cierta transparencia ante uno de los pecados más graves y que más erosiona la Iglesia, provocando una pérdida de confianza entre los fieles que les lleva a alejarse de esta Institución.

Es evidente que en este renglón torcido la Iglesia tiene que actuar con la máxima transparencia, los implicados en pederastia deben ser apartados de todo oficio pastoral, jamás trasladados, ya que este desplazamiento sólo representa alejar el problema pero endosarlo en otro lugar. Por otra parte ya no es sólo una cuestión interna de la Iglesia y sus tribunales, se trata de un delito social en el que la Iglesia debe colaborar con la justicia ordinaria, estamos hablando de un delito que tiene que ser llevado ante los tribunales ordinarios, y en el que no basta con que se pida perdón a las víctimas.

El pederasta es un individuo reincidente, por tanto no puede quedar en libertad hasta que no se esté seguro que, con un tratamiento psiquiátrico y psicológico se ha resuelto el problema, y los sacerdotes no están excluidos de esta terapia y de la pena de prisión correspondiente.

Los sacerdotes también salen del armario

La postura del papa Francisco contra el matrimonio gay es clara y contundente, lo que no está claro es su postura referente a la homosexualidad. Es evidente que nada podrá hacer ante una sociedad que acepta, cada vez, la presencia homosexual en estilo de vida. Los homosexuales ya no son vistos como marginados sino como una condición más de la naturaleza humana. Incluso han sido aceptados por el Ejército en muchos países, sólo las creencias del Islam siguen mostrando un fuerte rechazo y, en algunos países de Oriente Medio, persiste una inconcebible persecución.

El papa Francisco se enfrenta a un problema mucho más complejo para los principios de la Iglesia, los sacerdotes que se declaran homosexuales y no ven ninguna razón para abandonar la Iglesia por su condición.

Son, dentro del cristianismo, muchos los sacerdotes y obispos que se han declarado homosexuales.

La Iglesia anglicana ya ha procedido al nombramiento de obispos gays, pese a los enfrentamientos que este hecho originó entre conservadores y liberales. Por un lado, unos consideraron este hecho inadmisible, y por el otro, los demás apostaban por adaptarse a estas circunstancias.

Tarde o temprano el papa Francisco tendrá que enfrentarse a este problema.

La mujer y su papel en la futura Iglesia

Hasta ahora Benedicto XVI ha sido uno de los más duros oponentes a la participación de la mujer en el sacerdocio. Ratzinger se opuso siempre a la equiparación entre el hombre y la mujer. Así lo manifestó en un documento que hizo público en agosto de 2004, en contra del feminismo. Juan Pablo II alabó el papel de la mujer como ama de casa postergándola a un segundo lugar.

Francisco ya no se enfrenta solamente a mujeres aisladas que protestan por la postura del Vaticano, sino a potentes colectivos como la Red de Organizaciones Feministas Contra la Violencia de Género, el Foro Mundial de Mujeres, el Colectivo de Mujeres de la Iglesia católica y los Verdes de Alemania.

La ordenación de mujeres se hizo realidad en 1992 en la Iglesia anglicana, donde más de mil trecientas mujeres esperaban ordenarse sacerdotes, la mayoría de ellas lo consiguieron. En 1994 la Iglesia de Inglaterra consagró sacerdotes a 32 mujeres, y la cifra ha seguido creciendo hasta ahora. Este hecho originó que el Colectivo de Mujeres en la Iglesia y la Hermandad Obrera de Acción Católica solicitaron a los obispos de Catalunya que considerasen lo sucedido en la Iglesia anglicana y que iniciaran un proceso de reflexión.

INFALIBILIDAD DEL PAPA

Muy brevemente quiero exponer algo sobre este tema que ya ocasionó en el reinado de Benedicto XVI críticas por parte de muchos teólogos.

Benedicto XVI ha cometido muchos errores que no se han corregido por la infalibilidad que le ampara.

La infalibilidad es algo que no aparece en la Biblia, Jesús no dio este privilegio a sus seguidores. Es un dogma que proviene del Concilio I, en 1870, en el que la mitad de los obispos que participaron apoyaron la idea de la infalibilidad. Muchos obispos discreparon enérgicamente contra esta disposición hasta el punto que cincuenta y cinco de ellos abandonaron la sala de la reunión y se negaron a votar la proclamación del dogma de la infalibilidad que había promovido Pío IX. Desde entonces los papas han tenido este privilegio que los hace seres que no se equivocan nunca.

Este dogma desfasado se opone al libre pensamiento, ya que a través de él nadie puede cuestionar las palabras o las decisiones del Santo Pontífice aunque estas decisiones signifiquen claros desvaríos.

Creo que este dogma debe replantearse en un futuro Concilio convocado por Francisco, un Concilio en el que muchos ven con esperanza la renovación de la Iglesia católica.

Las relaciones de la Iglesia española con el nuevo Pontífice

En términos generales la Iglesia española ha acogido con cierto júbilo el nombramiento de Francisco. Es indudable que los sectores más fundamentalistas como el movimiento Neocatecumenal y el Opus Dei no han visto, aunque lo disimulen, con agrado la presencia de un jesuita a la cabeza del Vaticano. Me explicaba un amigo que en el momento del nombramiento se encontraba en Pamplona y que, entre la gente del Opus Dei que abunda en esta población, existía más bien disgusto y malestar por el nombramiento. Me decía este amigo que «no se les podía hablar del nombramiento de Francisco, era un tema tabú».

Quien sí mostró su júbilo fue, verdadero o no, el cardenal arzobispo de Madrid, Antonio María Rouco. Y muy especialmente el secretario general y portavoz de la Conferencia Episcopal Española (CEE), el jesuita Juan Antonio Martínez Camino. Martínez Camino, encargado de expresar la opinión del episcopado tras la elección de Francisco, manifestó que había sido acogida con «inmensa alegría». Sinceramente creo, no que mentía, pero que expresaba una opinión diplomática. Es indudable que una parte de los jerarcas de la Iglesia española están comprometidos con otros movimientos —Opus Dei y Neocatecumenales—, y también los hay que no simpatizan con los jesuitas.

Por su puesto los habrá, conservadores de los que tenemos muchos en este país, que les preocupa un papa aperturista como lo que parece ser Francisco. Pese a las diferencias entre Opus y jesuitas, el prelado del Opus Dei en Roma, Javier Echevarría, manifestó la alegría por el nombramiento. Creo que nuevamente se hablaba con términos de la diplomacia eclesiástica. Finalmente el Opus, en un comunicado, reafirmó al nuevo Pontífice «una completa adhesión a su persona y a su ministerio, con la seguridad de expresar así los sentimientos de los fieles, laicos y sacerdotes, de la Prelatura del Opus Dei».

¿A quién votaron los cinco cardenales españoles en el Cónclave? Esto es algo que se desconoce, pero no creo que su voto fuera para Bergoglio. Aunque eso sí, tan pronto como fue elegido el líder de la CEE manifestó su «obediencia filial y disposición plena» al nuevo pontífice.

Por su parte el cardenal de Barcelona, Lluís Martínez Sistach destacó en un mensaje a través de una emisora de radio que lo entrevistó que «la música ha cambiado a tono con nuestro mundo y seguro que, Francisco, estará a la altura de la letra y de las nuevas exigencias del momento».

Por su parte Francisco ha realizado muestras de atención hacia el clero español al efectuar sus primeras elecciones de los miembros de su equipo. Así ha elegido a José Rodríguez Carballo, fraile franciscano español, al que le ha otorgado dignidad de arzobispo, para ser secretario de la Congregación para los Institutos de Vida Consagrada y la Sociedad de Vida Apostólica.

Creo que los que tienen los días o meses contados en el Vaticano son el todopoderoso cardenal de la curia Bertone, y el cardenal decano Angelo Sodano. Dos cardenales que han rivalizado y cuyas diferencias eran evidentes y conocidas por todos los vaticanistas.

Sus implicaciones en el IOR y otros aspectos internos del gobierno de la Iglesia los hace candidatos a desaparecer del equipo del papa Francisco. Mientras más tiempo dispongan de sus privilegios especiales, más pueden tratar de destruir pruebas o tergiversarlas sobre los sucesos que han llevado al Vaticano a la crisis actual. Su culpabilidad en lo sucedido con la fuga de documentos parece evidente, son muchos los que los señalan con el dedo, especialmente al cardenal Bertone.

El Estado español y el nuevo papa

Las relaciones del Estado español con la Iglesia católica dependen del gobierno que esté instaurado en el poder, es decir con quién ocupe la Moncloa. Con el Partido Socialista Obrero Español (PSOE) las relaciones siempre fueron tensas, aunque este partido tenía entre los miembros de su ejecutiva políticos como José Bono muy creyente y practicante del catolicismo.

A la ceremonia de inicio del papado de Benedicto XVI, no acudió el presidente Zapatero, lo que auguraba unas relaciones tensas entre Iglesia y gobierno socialista, unas relaciones que tuvieron su clímax con la ley del matrimonio gay, el tema del aborto y la Educación para la Ciudadanía, esto último una asignatura que Benedicto XVI consideraba como una «amenaza a la libertad religiosa».

Benedicto XVI habló en aquellos tiempos de «laicismo fundamentalista y clerofobia radical». En realidad al papa le preocupaba que otros países de Europa se contagiasen del nuevo laicismo español, que imitasen sus leyes en lo que respecta a los matrimonios entre homosexuales y, muy especialmente la ley del aborto.

La tensión se aplacó gracias a la intervención de la vicepresidenta del Gobierno del PSOE, María Teresa Fernández de la Vega que recompuso las relaciones en su visita al Vaticano. También tuvo que ver el hecho que el Ejecutivo de Zapatero elevó el sistema de financiación pública a la Iglesia incrementando un 37% la cuota del IRPF que Hacienda entrega a los obispos por las declaraciones de los fieles que marcan la correspondiente casilla en la Declaración de Renta. Cuando es cuestión de dinero el Vaticano es mucho más condescendiente en otros aspectos morales.

Ahora gobierna en España el Partido Popular, un partido nada sospechoso de laicismo y con muchos de sus miembros adscritos a movimientos como el Opus Dei o los Neocatecumenales, y los que no están en estos movimientos reflejan su simpatía por la Iglesia católica apoyándola y asistiendo a sus actos religiosos. Por otra parte el Ejecutivo de Rajoy ha eliminado la controvertida asignatura Educación para la Ciudadanía, ha recurrido sin éxito ante el Tribunal Constitucional la ley del matrimonio homosexual y trata de realizar una reforma que disminuya los plazos de la ley del aborto.

Tres gestos que la Iglesia española solicitó desde el primer momento que sus aliados ganaron las elecciones con mayoría absoluta y el PSOE se tuvo que conformar con una oposición atada de manos que nada podía hacer en las votaciones del Congreso y en las del Senado.

Es desesperante pero la laicidad de España depende de quien ocupe la Moncloa, pese a que conviven en el país varias confesiones y la Constitución Española recoge en su capítulo segundo, artículo 16.3 que: «Ninguna confesión tendrá carácter estatal. Los poderes públicos tendrán en cuenta las creencias religiosas de la sociedad española y mantendrá las consiguientes relaciones de cooperación con la Iglesia católica y las demás confesiones». Aunque este artículo de la Constitución parece otorgar cierta laicidad al país, la realidad es que España no es laica como Francia u Holanda. La Iglesia católica tiene preferencias, recibe subvenciones, sus sacerdotes son mantenidos económicamente por el Estado que incluso se hace cargo de las indemnizaciones de despido de los profesores y profesoras de los colegios religiosos, está presente en todos los actos oficiales, y las ceremonias del Estado siempre se realizan en el seno de esta confesión. La aconfesionalidad y el laicismo no existen en el Gobierno español, así como una posible relación con otras religiones, un hecho que parece controvertir el artículo 16.3 recogido en la Constitución Española.

El nombramiento del papa Francisco ha coincidido con un gobierno enteramente confesional, al que le gustan estos actos religiosos y, especialmente, la entronización de un nuevo papa. A este magno acto quería acudir el gobierno en pleno, no así la oposición, el PSOE que no creyó oportuno ni necesario asistir, y como ocurrió con Benedicto XVI, obvió su presencia.

Así vimos en el acto de entronización al presidente del Gobierno, Mariano Rajoy que junto a los ministros José Manuel García Margallo, Alberto Ruiz Gallardón y Jorge Fernández, encabezaron la delegación española; al margen de otros miembros del PP que también acudieron al acto.

En esta ocasión no ha acudió el Rey que se encontraba convaleciente de una operación de hernia discal y en su lugar acudió el Príncipe Felipe. La familia real también es católica y goza de la simpatía de la Iglesia católica. En consecuencia, la neutralidad monárquica no es evidente.

¿CORRE PELIGRO LA VIDA DE FRANCISCO?

No realizo un interrogante sensacionalista, sino una posibilidad con antecedentes repetidos dentro de la Iglesia. Plantear esta pregunta puede parecer chocante e inadecuado, incluso oportunista, pero cada vez que un papa ha intentado realizar cambios en la Iglesia ha muerto, en algunos casos claramente asesinados y en otros casos, digamos misteriosamente.

Francisco parece dispuesto a realizar cambios de envergadura en la Iglesia, cambios que no son de la aprobación de los cardenales más conservadores.

Entre esos cambios están los que afectan directamente al IOR, cuyas finanzas y oscuros negocios ocasionaron toda una cadena de crímenes que culminaron con la muerte, aun sin aclarar de Juan Pablo I, de la que ya he explicado que el abad Ducaud-

Bourget dijo: «A la vista de todas las criaturas del diablo que moran en el Vaticano, resulta muy difícil creer que se trató de una muerte natural».

Muchos analistas de la situación actual, en la que nuevamente el IOR se ve implicado en escándalos, creen que la renuncia de Benedicto XVI se debe las amenazas de muerte que, al parecer, detallan más ampliamente los documentos Vatileaks.

Solucionar los negocios sucios del IOR es enfrentarse a cardenales y otros miembros de la curia que están implicados en estas operaciones. Significa muchos ceses y cambios en el Vaticano de personas que tienen mucho que perder y que esconden secretos financieros y operaciones internacionales ilegales. Cualquiera que emprenda una tarea así debe considerar la posibilidad de un peligro y riesgo de su vida. Es evidente que la Iglesia no podría permitirse otra muerte sospechosa como la de Juan Pablo I, el escándalo sería mayúsculo y, posiblemente en esta ocasión, habría protestas masivas en todo el mundo entre sacerdotes y fieles que ven con buenos ojos y esperanza las decisiones de Francisco.

El 13 de abril el papa Francisco mostraba al mundo su firme decisión de reformar la Curia del Vaticano que tantos problemas había ocasionado a los anteriores papas.

Francisco tomaba una decisión sin precedentes, el nombramiento de ocho cardenales de todo el mundo para que le ayudasen a realizar esa reforma.

Los ocho cardenales que ha convocado para el 1 de octubre de 2013 en una reunión en la que se tomarán las primeras decisiones son los siguientes: Sean Patrick O´Malley de Boston; Reinhard Marx de Munich; Giuseppe Belle del Vaticano, hombre que suena también como futuro Secretario de Estado en sustitución de Tarcisio Bertone; Francisco Javier Errázuriz Ossa de Santiago de Chile; Oswald Gracias de Bombay; Laurent Monsengwo de

Kinshasa; George Pell de Sydney; y Oscar Andrés Rodríguez de Tegucigalpa.

Los posibles detractores en el Vaticano del papa, se enfrentaron no a un solo hombre que lucha para reformar la Curia, sino a un papa y ocho cardenales que le apoyan y son de su confianza.

NUEVE

Los grandes problemas por resolver

«La ciencia sin la religión es coja.
Pero la religión sin la ciencia es ciega.»

Albert Einstein

«(...) la paz entre religiones es prácticamente imposible y, tarde o
temprano, se enfrentarán porque todos consideran que sólo su creencia es
verdadera.»

Samuel Huntington

Retos para el papa Francisco

El papa Francisco se enfrenta con difíciles y complicados retos para dar a la Iglesia una nueva imagen y sacarla del inmovilismo, retos necesarios si quiere que el catolicismo siga representando un papel importante en el mundo.

Muchos católicos creen necesaria una modernización de la Iglesia y esperan de su líder ese progresismo que la actualice. Sin embargo, también hay quien cree que nada debe cambiar y ven con disgusto cualquier progresismo que afecte a la tradición. Estos últimos son, especialmente, movimientos radicalizados e integristas.

¿Qué podrá cambiar Francisco? Indudablemente no habrá cambios doctrinales, tampoco parece que se avance en la idea de la ordenación de las mujeres, ni en el celibato de los sacerdotes. La Iglesia seguirá, lamentablemente, manteniendo su postura de intolerancia frente al matrimonio entre personas del mismo sexo. Aunque se produzca un diálogo interreligioso que mejore las relaciones con otras creencias, no se conseguirá una unidad dogmática por el hecho de que las diferencias entre religiones son insalvables. Con la ciencia se seguirá manteniendo la intransigencia siempre que esta avance más allá de la bioética tridentina.

Vamos a analizar todos estos aspectos y las posibilidades de cambios que tendrá la nueva Iglesia de Francisco, de la que sí se esperan importantes cambios en los aspectos sociales y en política geoestratégica, ya que ningún experto duda de la importancia que tendrá Latinoamérica en el futuro. Creen los vaticanistas que Europa pasará a una segunda parte, y que el pontificado tendrá consecuencias en España donde se ha instalado un laicismo radical.

Nadie duda que Francisco busque la reconciliación con los teólogos marginados y castigados por los papas anteriores. También tendrá que reconducir el diálogo con la ciencia que tantos conflictos ha ocasionado con la investigación de las células madre, los nuevos anticonceptivos, las clonaciones y una mecánica cuántica que, en su cosmología y en sus teorías, no precisa a Dios.

Finalmente, a muchos no creyentes, nos gustaría que la Iglesia iniciase un diálogo y aceptación con los ateos, un colectivo que representa en el 17 % de la población mundial, lo que significa más de 1.200 millones de personas.

A lo largo de las siguientes páginas trataremos de analizar este futuro y los problemas que lo caracteriza.

Diálogo interreligioso

Las tres grandes religiones —cristianismo, judaísmo e Islam—, representan creencias distintas con dioses diferentes: Dios, Jehová y Alá. Por muchos que nos hayan insistido que se trata del mismo dios, son completamente diferentes. El primero, que forma parte de una trinidad —Padre, Hijo y Espíritu Santo—, ha tenido un hijo que es Jesucristo y que fue enviado al mundo para «salvarnos» según la Biblia o para traernos «conocimiento»[5] según los manuscritos gnósticos.

El segundo, Jehová, dios del judaísmo, no ha tenido ningún hijo y su presencia en la Tierra está aun por acaecer. Sus seguidores sólo reconocen el Antiguo Testamento. Finalmente, el Islam, sólo reconoce a Alá y su profeta Mahoma, supuesto autor del Corán, libro sagrado que le fue revelado. Para los mahometanos tanto Moisés como Jesucristo son unos profetas más.

Así vemos como las diferencias son insalvables. Pero esto no debe significar que no pueda realizarse un diálogo interreligioso que busque aproximaciones para resolver problemas que a todos afectan, como la violencia en el mundo, el hambre, la pobreza y la enfermedad.

Francisco ha sido siempre un hombre comprometido con el diálogo interreligioso, circunstancia que muchos fieles pudieron comprobar tras su discurso inaugural en el Vaticano, en el que hizo un buen número de referencias a miembros de otras religiones. Entre las más de cien mil personas que asistieron su entronización, había gente de muchas religiones —rabinos, imanes y pastores evangélicos—, entre ellos el líder de la Iglesia cristiana ortodoxa, Bartolomé I.

Ya durante su tiempo de arzobispo en Buenos Aires, el entonces Bergoglio inició varios contactos con otros líderes religiosos, asistiendo a sinagogas y misas cristianas evangélicas, incluso ceremonias religiosas islámicas. También participó en una ceremonia en memoria de las víctimas del Holocausto, asistencia que fue vista con recelo entre algunos herederos del

---

5. Evangelio de Tomás.

nazismo que viven en Argentina, país que fue refugio de muchos nazis que huyeron de Alemania tras la caída del Tercer Reich.

Estas relaciones de Bergoglio con las diferentes religiones no fueron bien vistas por los más conservadores de la Iglesia argentina, incluso criticaron que se hubiera arrodillado en una misa evangélica.

De cualquier forma, muchos católicos, especialmente los teólogos, ven con buenos ojos el contacto con otras religiones. Tal vez el primer paso de diálogo interreligioso se materializará entre la Iglesia católica y la anglicana[6]. Justin Welby, arzobispo de Canterbury, se enfrenta a problemas parecidos con los que tendrá que lidiar el papa Francisco. Ambos se encuentran con un mundo cada vez más secular que pone en peligro la supervivencia de sus Iglesias; ambos tienen que resolver el papel de la mujer en la Iglesia; los escándalos sexuales; la homosexualidad y los abusos a menores.

Justin Welby es partidario de que las mujeres accedan al obispado, pero sus obispos votaron en contra. No existen problemas en cuanto al celibato, ya que los curas pueden perfectamente contraer matrimonio. Ante la homosexualidad las posturas de los anglicanos son más abiertas, se aceptan los curas gay y se permite que vivan en pareja. Pueden oficiar misa, pero no llegar a ser nombrados obispos.

El papa Francisco también deberá realizar un acercamiento al judaísmo y al islamismo, con los que ya he explicado tuvo contactos en Argentina. Tendrá que recomponer los errores de Benedicto XVI, especialmente cuando citó, en su polémico discurso de Ratisbona, a un emperador bizantino que acusaba al profeta Mahoma de haber realizado cosas reprochables e inhumanas. Su desafortunado discurso provocó la ira de todos los

---

6. Los anglicanos representan 80 millones de personas en el mundo.

musulmanes que, en algunos países, llegaron a quemar iglesias. Todavía hoy persiste el malestar y el reproche contra Benedicto XVI y la Iglesia católica por este resbalón incomprensible en un papa de la cultura de Ratzinger.

Francisco es visto como una nueva esperanza de diálogo interreligioso entre los musulmanes. Estos creen la posibilidad de que se establezca un diálogo sincero y que el nuevo papa muestre signos de comprensión con la pobreza que existe en muchos de estos países.

No es fácil la aceptación de nuestra sociedad en el Islam. Las diferencias son insalvables. Mientras todos los musulmanes son seguidores de la religión de Mahoma, algunos sunitas, otros shiítas, los católicos en Occidente sólo representan un 17 % de practicantes, el resto está repartido entre indiferentes y ateos. Mientras los musulmanes guían su vida por el Corán, del que conocen sus azoras y recitan sus aleyas, los católicos que han leído la Biblia son un tanto por ciento insignificante. Mientra la igualdad entre hombre y mujer es vital en Occidente, la mujer musulmana sigue relegada en un segundo plano y tiene una obediencia total al hombre.

Los aspectos diferenciales de Occidente y un Oriente determinista han provocado muchos enfrentamientos entre unos y otros. No cabe duda que lo que más dificulta el diálogo es la intransigencia del mundo musulmán a las costumbres occidentales, el fuerte integrismo que provoca la ira fanática de los mahometanos cuando un humorista osa realizar unas caricaturas satíricas de Mahoma. Esos mismos dibujos referidos a Jesucristo no causarían, en Occidente, mayor problema que aisladas protestas verbales de pequeños grupos extremistas a los que se acusaría de estar en contra de la libertad de expresión.

Fanáticos religiosos existen en Oriente y Occidente. Hago referencia al pastor Terry Jones de la Iglesia Pentecostal de

Gainesville, en Florida. Terry Jones y Wayne Sapp, estúpidamente quemaron, en marzo de 2011, un ejemplar del Corán para mostrar su desacuerdo con esta religión. Este acto, nada didáctico y de pura provocación, supuso ataques en Kabul de la insurgencia que originaron 20 muertos.

El papa Francisco y los Consejos Musulmanes deberán buscar acercamientos en otros aspectos diferentes a los doctrinales y religiosos, así como a las costumbres sociales de unos y otros, tal vez en resolver el sufrimiento de muchos seres que, al margen de sus creencias, padecen otros tipos de sufrimientos.

RECONCILIACIÓN CON LOS TEÓLOGOS «MALDITOS»

A los no creyentes nos caen bien los teólogos que discrepan con los papas, con la Iglesia y con los dogmas, son personas muy formadas que pueden disentir con más juicio de razón que muchos detractores de la Iglesia que hablan sin ningún fundamento de causa y nunca se han leído la Biblia. Los teólogos «malditos» ponen el dedo en la llaga cuando recuerdan la pobreza existente en el mundo y el esplendor del Vaticano, se convierten en herejes cuando discuten la infalibilidad del papa, crispan cuando insisten en la necesidad del celibato, y son severamente amonestados cuando crean dudas sobre la divinidad de Jesús. Son como aquellos niños rebeldes de los colegios de curas del franquismo que se organizaban en la «liga de los sin bata» y, cuyos cabecillas terminaban siendo expulsados de la escuela, hecho que se convertía, con el paso de los años en un honor.

Hubo años en que los teólogos eran bien vistos por el Vaticano, especialmente en tiempos de Juan XXIII y Pablo VI, pero después se convirtieron en «malditos» para Juan Pablo II y Benedicto XVI, en cuyos mandatos llovieron las condenas contra la Teología de la Liberación, lo que ocasionó un retroceso de las comunidades eclesiales de base (CEB) y la renovación de la Iglesia.

Francisco los conoce perfectamente, ha convivido con ellos, los ha leído, los ha escuchado y ahora tiene la oportunidad de renovar un diálogo desde posturas menos conservadoras y más abiertas.

Muchos de ellos han recobrado la ilusión cuando el Cónclave nombró a Jorge Mario Bergoglio, sucesor de Benedicto XVI. Renacieron las esperanzas entre muchos de estos teólogos, especialmente el brasileño Leonardo Boff y el obispo catalán residente en Brasil, Pedro Casaldáliga.

Los teólogos esperan una reconciliación, especialmente los expulsados, sancionados y castigados. Son teólogos, vivos y fallecidos que aún suenan en la memoria de todos, como el jesuita Jacques Dupuis, los teólogos Hans Küng, Yves Congar, Edward Schillebeeckx y Karl Rahner, el dominico Chenu, Bernard Haring, Ernesto Cardenal, Jon Sobrino, el antes citado Leonardo Boff y los españoles Marciano Vidal, José María Castillo, José Tamayo, Díez Alegría y Benjamín Forcano.

Hoy muchos de ellos ven con esperanza el nombramiento del nuevo papa y tienen palabras de ilusión. Así, Boff ha destacado que «Francisco tiene en mente una Iglesia fuera de los palacios y los símbolos de poder (…) viene de lo más pobre de la humanidad». Boff espera que Francisco pueda reformar la curia y dar un rostro nuevo y creíble a la Iglesia. Por su parte Casaldáliga, ya octogenario, cree que esta elección significa un cambio, y en unas declaraciones en *O'Globo* de Brasil, destacó la simplicidad y el espíritu evangelizador de Francisco. Jon Sobrino, ha sido menos amable con Francisco, al recordar su etapa con la dictadura argentina, tema del que ya he hablado en el capítulo segundo. Destacaré que Sobrino tuvo una fuerte reprimenda de Benedicto XVI acusado de falsear la figura de

Jesús ocultando su divinidad, en consecuencia se le prohibió la enseñanza en la Institución católica y la Universidad de San Salvador. De cualquier forma Sobrino destaca su sencillez y humildad, y muestra grandes esperanzas de cambios en su pontificado.

Otros como el teólogo peruano Gustavo Gutiérrez, padre de la teología de la liberación y dominico que también tuvo problemas con la curia romana, también ha vertido palabras esperanzadoras. Para Gustavo Gutiérrez «la reforma más urgente en la Iglesia de hoy es que aparezca como la Iglesia de los pobres».

Todo parece indicar que si la Iglesia hoy está de moda, también es una Iglesia que pasa por estar comprometida con la pobreza, especialmente en una época de la historia en que una crisis mundial atenaza a los más pobres del mundo.

El tema de la pobreza está vigente entre todos los teólogos. Leonardo Boff, teólogo que nunca se ha mordido la lengua, hecho que representó el ser obligado al silencio, fue claro cuando el papa Juan Pablo II pidió perdón sobre los errores cometidos. Boff se apresuró a decir que «el primer perdón que tendría que pedir el papa es los pobres» y que «el pecado más grave de la Iglesia es el de la arrogancia».

Boff ya creía que la Iglesia también tenía que pedir perdón a los teólogos contemporáneos, y citaba a sus colegas Hans Küng y Eduard Schillebeerckx.

Boff fue procesado por el ex Santo Oficio, pese a ser una de las voces más escuchada por la Iglesia del Tercer Mundo. Dijo de Karol Wojtyla que castigaba, no a los lobos de la Iglesia, sino a las ovejas y que sellaba la boca de muchos teólogos. Llegó a acusar al papa de haber «intentado de mil maneras infantilizar y mediocrizar a los cristianos imponiendo un Derecho Canónico, un catecismo y una romanización». Para Boff, según sus propias palabras, Juan Pablo II fue «un gran animador religioso de masas y, por otro lado, el que gobierna con el patrón del orden y de la vieja ortodoxia en la mano». Para Boff, Juan Pablo II, defraudó a los pobres.

MIS TEÓLOGOS FAVORITOS

Mis teólogos favoritos son Hans Küng, la teóloga Uta Ranke-Heinemann y el español José Tamayo, por lo menos son los que más he leído. También son los que más problemas han causado con sus declaraciones. Hans Küng acusó al Vaticano en 1993 de tener «una mentalidad integrista y fundamentalista», ya que había interpretado el Concilio Vaticano II con una mentalidad medieval, de contrarreforma o reconquista. Como Leonardo Boff, consideró el «mea culpa» del Vaticano con graves limitaciones en su petición de perdón.

· Küng se enfrentó al Vaticano en diversas ocasiones, lo acusaba de negar los derechos humanos a obispos, teólogos y mujeres, a estas últimas impidiéndolas la ordenación sacerdotal. A Juan Pablo II le acusó de sus posturas contra la regulación de la natalidad, su rígida posición sobre el sacerdocio masculino y célibe, de impulsar beatificaciones lucrativas y al mismo tiempo instar a su «Inquisición» a actuar contra teólogos, sacerdotes, religiosos y obispos desafectos.

Para Hans Küng, la jerarquía de la Iglesia sigue viviendo en el paradigma medieval. Destaca el teólogo textualmente: «En Roma deberían preguntarse menos por las exigencias del derecho eclesiástico medieval y más por lo que Jesús, al que continuamente se están refiriendo, quiso». También recuerda que siempre se ha mantenido una postura contra la mujer, hasta el extremo de que la Congregación Romana de la Fe intentó presentar como «doctrina infalible» que era voluntad de Dios la exclusión de la mujer del sacerdocio.

Hans Küng causó con sus verdades muchos problemas a la Iglesia y se veía venir una ejemplarizante condena contra este teólogo. Recordemos que si gobernaba como Juan Pablo II, detrás de él en el ex Santo Oficio, estaba el cardenal Ratzinger, futuro Benedicto XVI. El vaso de la paciencia de la Santa Sede culminó cuando Küng analizó el primer año de pontificado de Juan Pablo II. En ese análisis puso en duda la capacidad del papa para ser un verdadero guía espiritual. En su análisis, Küng llegó a preguntarse si el papa era cristiano en el sentido que generalmente se da a la palabra. Küng arremetió en sus escritos contra los criterios de Juan Pablo II en contra del matrimonio de los sacerdotes, un derecho, según Küng, garantizado por el mismo Evangelio y las antiguas enseñanzas católicas. También fue duro en cuanto al derecho de las monjas a vestir a su antojo y el derecho de las mujeres a recibir las sagradas órdenes, así como el derecho de los matrimonios a controlar la concepción y el número de hijos. Todo un desafío por parte de Hans Küng, algo que algunos cardenales conservadores compararon a algo peor que la actitud de Martín Lutero. Algunos llegaron a hablar de exabrupto.

Hans Küng fue llamado a Roma inmediatamente. Una vez en el Vaticano fue conducido al tercer piso del edificio de la Doctrina de la Fe, donde se le interrogó por sus declaraciones y donde, según algunos teólogos, se despachó a gusto. Rápidamente hubo un veredicto, más rápido de lo normal pese al dicho de: «Las cosas de palacio o de la Iglesia van despacio». Hans Küng dejaba de ser teólogo católico y perdía la facultad de ejercer como tal un puesto docente, firmaba y ratificaba Juan Pablo II.

Brevemente, respeto a Uta Ranke-Heinemann, destacaré que es la autora de *Eunucos para el Reino de Dios,* un libro que hace referencia al dogma de la virginidad de María, en que la teóloga destaca: «Con su manía de la virginidad de María, el papa ha llevado a cabo un programa de infantilización de amplitud mundial. Es como si nos exigiera que sigamos creyendo que los niños los trae la cigüeña». Siempre he dicho que uno de los problemas de la Iglesia con sus teólogos disidentes es que, si bien son creyentes en un Dios Creador, a veces mucho más que los príncipes de la Iglesia, también son escépticos en la mayoría de los dogmas.

Finalmente mencionaré al español Juan José Tamayo, del que también he leído mucho y cuyas posturas son terriblemente incómodas para la Iglesia. Juan José Tamayo representa una teología vinculada a la Teología de la Liberación, defiende la presencia de la mujer en la Iglesia y cuestiona el modo que la Iglesia tiene de entender el concilio Vaticano II. Juan José Tamayo, que es secretario de la Asociación Juan XXIII, se ha visto siempre en dificultades para poder impartir conferencias en parroquias o centros de la Iglesia. Tanto Sistach, arzobispo de Barcelona, como el cardenal Rouco Varela, han prohibido las conferencias de este teólogo en centros que son propiedad de la Iglesia, un acto de censura inquisitorio digno de una Iglesia medieval.

Aún tuvo que tragarse Juan Pablo II en octubre de 2000 que teólogos de quince países firmaran un manifiesto contra la declaración papal sobre las iglesias, la *Dominus Iesus,* que trataba sobre la unicidad de la Iglesia católica como religión verdadera. Setenta y tres de los mejores teólogos del mundo consideraron la declaración como «expresión ciertamente ofensiva para las personas creyentes de otras religiones». Evidentemente con declaraciones así el papa consiguió cerrar el diálogo interreligioso.

Tres años después, un congreso de teólogos celebrado en Madrid, con la asistencia de mil personas, concluyó que la Iglesia había sustituido «la misericordia por el anatema». También la Asociación Juan XXIII —con representantes como Enrique Miret,

José María Díez-Alegría y Casiano Floristán—, destacó que la Iglesia del siglo XXI tenía miedo al liberalismo. La realidad es que la Iglesia ha tenido siempre miedo a todo lo nuevo.

Juan Pablo II fue rotundamente intransigente con los teólogos que discrepaban con la Iglesia, especialmente con aquellos que abogaban por la defensa de la naturaleza humana de Jesús y el olvido de la faceta divina. Para mi criterio me pareció humillante la escena de Juan Pablo II, haciéndole reproches al ya castigado teólogo Ernesto Cardenal, que se sumía de rodillas ante él durante su visita a Latinoamérica.

Ratzinger no ha sido menos riguroso con los teólogos que su antecesor. Ya había empezado una implacable lucha contra los teólogos disidentes desde la Congregación para la Doctrina de la Fe, antigua Inquisición, que presidía.

Un signo de apertura ha brotado en marzo de 2013 cuando el Vaticano ha dictaminado que el polémico libro de José Antonio Pagola, *Jesús. Aproximación histórica,* no contenía herejía. La Congregación Romana para la Doctrina de la Fe, dictaminaba que estaba libre de herejía un libro que los obispos españoles rechazaban por describir un Cristo demasiado humano.

Desde hace cinco años, Pagola esperaba una resolución. El proceso inquisitorial abierto a instancias de la Conferencia Episcopal Española (CEE), ha sido lento. Mientras el teólogo vasco se ha visto desautorizado y su libro convertido en clandestino en España, pese a sus 140.000 ejemplares vendidos y una docena de idiomas traducidos. Su peor enemigo fue el obispo Demetrio Fernández, prelado de Córdoba, que consideró inmediatamente a Pagola como un hereje.

El libro de Pagola nos describe a un Jesús humano, siempre rodeado de mujeres, dos realidades que podemos encontrar en el Nuevo Testamento y en los «evangelios» de los textos gnósticos de Nag Hammadi.

Destacar de José Antonio Pagola que fue discípulo del cardenal Martini en la Pontificia Universidad Gregoriana de Roma. Estudio en Jerusalén y fue vicario.

Celibato, un objetivo lejano

El celibato es uno de los temas que muchos sacerdotes esperan entre en la agenda del papa Francisco. Lamentablemente los teólogos no creen que la Iglesia dé un paso en este aspecto, por lo menos a corto plazo.

El Concilio Vaticano II inspiró a muchos sacerdotes a contraer matrimonio, los que les obligó a un enfrentamiento con el Vaticano que no quería llegar tan lejos, y por su puesto la expulsión de la Iglesia. Si bien desde el pontificado de Juan XXIII la necesidad de abolir el celibato fue un tema central en las discusiones doctrinales del catolicismo, ni Pablo VI, ni el papa Wojtyla, aceptaron considerar este asunto y someterlo a discusión.

Que los sacerdotes no puedan contraer matrimonio es algo que data desde los Concilios de Letrán I y II. Hasta entonces los eclesiásticos habían estado casados, incluidos siete papas. También se presupone que Pedro estaba casado, ya que Marcos en 1:30 y 31, destaca: «Y la suegra de Simón (Pedro) estaba acostada con fiebre; y enseguida hablaron de ella». Si Pedro tenía una suegra es que tenía una mujer. En el manuscrito gnóstico llamado «La hija de Pedro», un pequeño fragmento escrito en lengua copta de los conservados en Nag Hammadi, se narra la historia de la hija de esta hija de Pedro.

Creo que la gran influencia de san Agustín fue culpa del celibato, ya que promovió la creciente misoginia de la Iglesia. No voy a recordar los caóticos y contradictorios episodios que originó el voto de castidad a lo largo de toda la historia de la

Iglesia. Sólo recordaré cómo Wojtyla insistió en mantenerse firme pese a los miles de sacerdotes que fueron abandonando los hábitos para casarse, y la resistencia de los jóvenes católicos a incorporarse a los seminarios sin derecho a tener una familia.

No cabe duda que el problema del celibato tiene que considerarse si se quiere tener una Iglesia moderna. No quiere decir eso que con ello se acabaran los escándalos sexuales, algo que siempre habrá en la Iglesia y en cualquier institución religiosa. Los anglicanos no han terminado con ellos al permitir que sus sacerdotes contraigan matrimonio. La sexualidad es un tema que trasciende a la Iglesia, la fidelidad y los escándalos sexuales de personajes públicos, dependen de lo que la sociedad y el sistema entiendan por moralidad. Tal vez deberemos llegar al *Mundo Feliz* de Aldous Huxley o a *Cuando el durmiente despierte* de H. G. Wells, para considerar la moralidad sexual como abolida.

MUJERES EN LA IGLESIA

Otro de los problemas que laten en la Iglesia católica es la presencia de la mujer como sacerdote. Un tema que está originando el alejamiento de muchas jóvenes que, encumbradas por una sociedad moderna en la que participan y llegan a gobernar, ven en la Iglesia católica machismo y discriminación. Cuando la sociedad occidental respeta la absoluta igualdad de ambos sexos con los mismos derechos y beneficios, la Iglesia católica sigue vetándoles el ejercicio del sacerdocio.

Fue en el siglo XII, en el primer Concilio de Letrán cuando se prohibió a las mujeres su ordenación. Anteriormente, tal como explican los evangelios, las mujeres oficiaban la eucaristía. El teólogo Leonardo Boff, ferviente defensor del sacerdocio femenino, como Hans Küng, escribió: «La mujer es la mitad de la Humanidad, y madre y hermana de la otra mitad; pero en derecho canónigo ella no es persona plena. Eso es injusto y se opone al Evangelio».

Cuando a la Iglesia se le menciona esta circunstancia discriminante siempre alega que existen las monjas y sus órdenes. Los teólogos aducen que la Iglesia les reserva a las monjas un papel secundario y servil, y que las utiliza para cocineras y camareras de los obispos y papas; que viven en congregaciones dedicadas a bordar y a la repostería. Las hay aisladas del mundo y las que imparten enseñanza elemental.

Lamentablemente esta postura no sólo la tiene la Iglesia católica, sino muchos de lo movimientos cristianos que la han apoyado hasta ahora, y me refiero al Opus Dei y los Neocatecumenales. Mientras la Iglesia anglicana ha resulto este problema en parte con su sacerdocio femenino, el Vaticano y especialmente la Congregación para la Doctrina de Fe se han cerrado sin vestigios de querer ceder lo más mínimo. Algunos teólogos han llegado a decir irónicamente que «la mujer llegará al sacerdocio cuando ya no haya hombres en los seminarios».

Un breve apunte sobre la homosexualidad

Cuando la mayoría de los países del mundo empiezan a admitir la homosexualidad como un hecho evidente y la han despenalizado hasta el punto de permitir el matrimonio y la adopción de niños a las parejas gay, y millones de homosexuales hacen pública su condición, no puede existir una religión que aún los discrimine, más cuando entre sus filas se han dado cientos de casos de pederastia.

Destaca la teóloga Uta Ranke-Heinemann que «el Vaticano es una sociedad desexualizada de homosexuales». No cabe duda que el tema de la homosexualidad es uno de los temas más urticantes que afronta la Iglesia católica.

Con una visión del pasado el Vaticano considera la homosexualidad como una desviación grave de la moral, cuando no la califica de enfermedad. Quiero recordar que, a principios de los ochenta los seguidores, sacerdotes y algún jerarca de la Iglesia celebraron la aparición del SIDA como un castigo divino a la promiscuidad, los excesos sexuales y la homosexualidad. Hubo también algún fanático antirreligioso que llegó a hacer correr el bulo que el virus del SIDA había sido creado por la Iglesia para exterminar a los homosexuales y acabar con la libertad sexual de los seres humanos.

Aquellos momentos de una de las epidemias más letales que han existido fueron los más equívocos de la Iglesia católica, especialmente cuando el papa Karol Wojtyla recorrió África y Latinoamérica en su papamóvil predicando la condena del preservativo y consagrando la castidad como santo remedio, mientras la epidemia se convertía en un azote para los más desfavorecidos y millones de homosexuales a quienes se les prohibía el método más eficaz para evitar el contagio.

La homosexualidad requiere una nueva interpretación de la Iglesia, o ninguna si se acepta como un hecho más de la condición humana. No cabe esperar grandes cambios por parte del papa Francisco con el colectivo gay. Si bien, por parte del nuevo papa, existe cierta tolerancia con la homosexualidad, esta actitud sólo llega hasta ciertos aspectos. Francisco se ha mantenido, y se sigue manteniendo firme en su intolerancia hacia los matrimonios gay. En Argentina, si bien no ha encabezado ninguna manifestación contra los matrimonios gay, sí ha estado al lado de los sectores más conservadores que le exigían más dureza contra este colectivo y especialmente contra sus pretensiones de poderse casar y formar sus propias familias.

Se sabe que cuando el asunto del matrimonio gay, saltó en Argentina, Bergoglio se enfrentó al Gobierno por este motivo, y llegó a escribir, en una carta dirigida a unas monjas carmelitas, que la oposición a la ley que barajaba el Gobierno argentino para liberalizar los matrimonios gay era necesaria, porque era una «guerra de Dios» ante una «una movida del diablo», hecho que crispó al gobierno argentino y que produjo que Fernández comparase la campaña de Bergoglio con los métodos de la antigua Inquisición.

Por esta actitud tan cerrada de Bergoglio ante los matrimonios gay, no creo que se produzca ningún avance de apertura en este sentido. El colectivo gay será siendo visto con malos ojos desde el Vaticano, y tolerado hasta ciertos límites, uno de ellos el matrimonio entre las personas del mismo sexo.

La homosexualidad es una realidad del mundo, un hecho que ha existido desde los orígenes de la humanidad y que tuvo su mayor esplendor en la antigua Grecia. Si la Iglesia no permite en su seno el matrimonio gay, lo hará el estado civil como ya ocurre en muchos países. Los partidos y los que gobiernan si tienen en cuenta las reivindicaciones de este colectivo, aunque a veces con cierta hipocresía, para recoger un voto que representa cada vez una cifra mayor.

LA ASIGNATURA PENDIENTE: LA CIENCIA

No cabe duda que, cada vez es mayor el alejamiento entre ciencia y religión. Una cosa es lo que razonan y demuestran los científicos, otra cosas es lo que creen la religiones.

Unos estudios realizados entre científicos de Estados Unidos revelaban que en estos colectivos el ateísmo es muy elevado. Entre mil científicos elegidos al azar el 67% de esos mil eran ateos, es decir 670. El resto se movía entre los que no profesaban ninguna religión y unos muy pocos creyentes. Otro cálculo realizado por la prestigiosa revista *Nature,* destaca que entre los científicos esa cifra alcanza el 93%, o sea, de cada mil científicos 930 son ateos.

Hace unos años eran preocupantes para la Iglesia los descubrimientos que se hacían en biología y genética. Hoy tenemos que añadir la cosmología, la astronomía y la mecánica cuántica.

Los científicos y pensadores desvelan sin rubor su escasa fe en una época en que la hoguera ha dejado de ser argumento de la Inquisición. Fueron ateos: Charles Darwin, Albert Einstein, Sigmund Freud, Carl Sagan, Bertrand Russell, Stephen Jay Gould, Isaac Asimov. Son ateos: Richard Dawkins, Noam Chomsky, James Watson, Steven Pinker, James Watson, Christopher Hitchens, Harold Bloom, André Comte-Sponville, Fernando Savater, etc.

Las nuevas teorías de la ciencia parecen confirmar el ateísmo de estas disciplinas. En la más moderna rama de la investigación, la mecánica cuántica, descubrimos que sus teorías desvelan que la incertidumbre cuántica no precisa una primera causa. La física cuántica destaca que las partículas pueden surgir de un modo súbito e imprevisible, pueden provenir de otros universos. Vemos pues que estas partículas no tienen una causa precisa. Así la incertidumbre cuántica permite al tiempo al espacio y al Universo surgir espontáneamente del vacío. Un universo sin causa primera, tampoco tiene necesidad de Dios. Dice Stephen Hawking que Dios podría existir pero la ciencia puede explicar el universo sin la necesidad de un creador.

Por otra parte, el tiempo y el espacio se crearon al mismo tiempo que nuestro Universo, así no parece muy lógica la existencia de un Dios esperando un tiempo infinito y luego decidiéndose a crear el Universo. ¿Con qué fin? ¿Para qué? ¿Qué razón tiene esa creación cuyos acontecimientos ya están previstos? ¿Qué hace un Dios esperando una eternidad? Pero además el acto de la creación solamente tiene sentido en el tiempo, y el tiempo no existía antes de la creación de nuestro universo, se creo al mismo instante, lo que nos lleva a otra pregunta sin respuesta: ¿Dónde estaba un Dios sin tiempo? ¿Qué hacía antes de la creación? Pero el «antes» de la creación no tiene sentido ya que no existía el tiempo.

El principio de incertidumbre o principio de indeterminación de la teoría cuántica, es un principio que explica por qué el mundo está constituido por acontecimientos que no pueden relacionarse enteramente en términos de causa y efecto. Así que la incertidumbre cuántica permite al Universo surgir espontáneamente del vacío en virtud de una fluctuación cuántica. La mecánica y cosmología cuántica contemporánea parece haber abolido la necesidad de Dios.

Referente al mundo más pequeño, el de las partículas cuánticas, existe lo que se denomina «efecto del observador» que nos sumerge en el cambio repentino de una propiedad física de la materia, a nivel subatómico, cuando esa propiedad es observada. Este hecho es conocido como «colapso de función de ondulatoria», el cambio en la función cuántica-ondulatoria cuando una observación tiene lugar. En este caso tenemos una contradicción con la presencia de Dios. Según los profesores de física Bruce Rosenblum y Fred Kuttner, si Dios colapsa las funciones de onda de objetos grandes haciéndolas reales por su observación, los experimentos cuánticos indican que no está observando lo pequeño.

Esto es bastante alarmante, porque quiere decir que Dios no lo observa todo, no está en todo y menos en nuestro mundo subatómico que forma parte de los seres humanos.

Ciencia y religión también precisan dialogar, sin anatemas, sin el nerviosismo que le produce a la Iglesia los descubrimientos que entusiasman a los biólogos. Con la conciencia, por ambas partes de que si bien las religiones no pueden demostrar que existe Dios, tampoco la ciencia puede demostrar que no existe.

PRIMER ROUND CIENCIA-RELIGIÓN

La Iglesia anglicana y la ciencia más racionalista y atea celebraron el año pasado un encuentro que merece la pena recordar, ya que reeditó el famoso debate evolutivo de Darwin.

Por una parte estaba Richard Dawkins reconocido ateo autor de dos libros que se convirtieron en record de ventas: *El gen egoísta* y *El espejismo de Dios*. Para los que no conocen a Dawkins sépase que impulsó en Londres la campaña de los autobuses con publicidad atea. Por otra estaba el obispo William de la Iglesia anglicana.

Dawkins cree que somos un diseño imperfecto, todo ha surgido de la nada, el azar ha participado en la evolución y recurrimos a Dios cuando no entendemos el origen de algo.

El debate tuvo lugar en el salón de actos de la facultad de Teología de la Universidad de Oxford, un debate con el título de *La naturaleza del ser humano y la cuestión de su origen último*. El obispo Williams representa la mentalidad religiosa actual de la Iglesia anglicana, una teología progresista que acepta las evidencias científicas, dejando a Dios para los aspectos que la ciencia no puede demostrar, por ahora.

Williams admite la evolución biológica con un propósito superior, y también admite que el hombre proviene del mono, aunque no sabe precisar en que momento Dios le dio alma los primeros homínidos. En cuanto a la teoría del *big bang*, también es aceptado por Williams ya que es lo más parecido a la Creación que hizo Dios. Por ahora queda descubrir por los cosmólogos los primeros segundos del *big bang* y los segundos anteriores al suceso. Lo más difícil de aceptar por Williams y la

Iglesia anglicana son las teorías sobre los universos paralelos, los universos burbuja, en definitiva, los multiversos.

Durante el debate, Dawkins le refutó al obispo el tema de la teoría del diseño inteligente dentro del creacionismo. Para el obispo Williams la existencia de Dios se deduce de la complejidad de sus criaturas diseñadas. Para Dawkins un diseñador inteligente debe ser más complejo que las criaturas a las que pretende dar explicación. Destacaremos que fue un debate tolerante y dialogador en el que Dawkins, nunca dijo que la existencia de un Creador fuera imposible, y se limitó a argumentar que era extremadamente improbable.

Dawkins defendió la idea de la vida en otras partes del Universo, destacando que no puede ser que por casualidad la vida solo haya acaecido en la Tierra. Para Dawkins el Universo está lleno de vida.

Los «teocons» y el diseño inteligente

El principio antrópico es el caballo de Troya de los movimientos «teocons» estadounidenses. El principio antrópico, fue planteado, por primera vez, por el astrofísico Robert Dicke en 1961, y más tarde desarrollado por el físico Brandon Carter. Desde sus planteamientos iniciales ha sido una fuente de constante polémica y uno de los pilares de los «teocons» para defender la Creación como consecuencia de Dios. Los «teocons» rozan el fundamentalismo religioso, el integrismo y la intolerancia religiosa.

Este principio se fundamenta en que existe un diseño «inteligente» elaborado para que nosotros podamos existir en este Universo. El principio antrópico propugna que las constantes de la naturaleza están ajustadas para permitir la vida y la inteligencia. Existen dos tendencias, el principio antrópico fuerte y el débil. El primero propugna que se necesita una inteligencia de algún tipo para ajustar las constantes físicas de modo que permita la aparición de seres inteligentes como nosotros. El principio antrópico débil establece que las constantes de la naturaleza debieron ajustarse para permitir la inteligencia, de otro modo esta no existiría.

La base de este principio, rechazado por la mayoría de los científicos, es que algunos parámetros parecen ajustados para permitir el desarrollo de las formas de vida, especialmente la basada en el carbono que es la que nos atañe a nosotros.

Destacan los «teocons» que el *big bang* ha sido «ajustado» para que nosotros apareciésemos, ya que si hubiese tenido la más mínima diferencia de cómo acaeció, nosotros no estaríamos aquí. Destacan los científicos que el hecho de que el Universo haya sido como es, se debe a un puro azar, y ese azar ha permitido que apareciésemos nosotros en este Universo, pero podríamos haber aparecido en otros universos con otras formas distintas. Christopher Hitchens destaca en su libro *Dios no es bueno*, que «el postulado de un diseñador o creador únicamente plantea la pregunta sin respuesta de quién diseñó o creó al creador».

Nadie duda que si la velocidad después del *big bang* hubiera sido sólo una cien mil billonésima más pequeña, el Universo se hubiera contraído inmediatamente. Si la velocidad hubiera sido mayor, protones y electrones nunca se hubieran unido para formar átomos de hidrógeno.

Pero que el Universo haya sido como ha sido no se debe a un ajuste, es así porque así ha evolucionado, y como consecuencia de reunir estos parámetros ha permitido la vida en su interior.

El principio antrópico destaca que si todas las estrellas fueran más pesadas que tres veces nuestro Sol, sólo vivirían 500 millones de años, por lo que la vida pluricelular no habría tenido tiempo de desarrollarse.

La vida inteligente en la Tierra forma parte de un proceso azaroso de millones de años de tortuosa evolución, de extinciones terribles que han dado paso a otras especies y a una serie de casualidades. Si en el Cretácico, como hemos explicado antes, hace 65 millones de años, no hubiera impactado un asteroide y hubiera producido una cadena de cambios que dieron lugar a una extinción masiva, hoy el mundo estaría aún dominado por los dinosaurios. La inteligencia es un paso más del proceso evolutivo, y que llega irremediablemente cuando se alcanza un estadio determinado.

Un cúmulo de azares ha permitido nuestra aparición y nuestra inteligencia. Si hubo un diseñador, tuvo que estar haciendo ajustes constantemente, tuvo que ajustar el *big bang*, la zona de Goldilocks, las extinciones, la evolución cerebral y un sin fin de parámetros. No cabe la idea de diseño inteligente, sino reparación a base de parches y constante mantenimiento de su obra, un ITV constante. Hawking destaca que «el Universo está gobernado por leyes científicas, y eso no deja mucho espacio para los milagros».

Indudablemente una de las preocupaciones de los que defienden el principio antrópico es la aparición de vida inteligente en otro planeta. ¿Cómo defenderán el principio antrópico ante unos alienígenas de otros sistema planetario? ¿Y si esos alienígenas han superado la época de las creencia religiosas y consideran que las nuestras son mitos y leyendas?

Células madre y clonación

Siguiendo con la ciencia, la Iglesia ha mirado siempre con suspicacia a la biología. Ha sido de esta rama de la ciencia de dónde han surgido los avances más inquietantes para la ortodoxia de la Iglesia. Primero fue una fuerte lucha contra los anticonceptivos, y una batalla perdida frente al laicismo de los gobiernos y la presión de las multinacionales que permitieron su venta en los establecimientos farmacéuticos de casi todos los países de Occidente.

El aborto es otra de las batallas que aún lidera la Iglesia sin muchos éxitos de triunfar en muchos países. Sólo le queda el derecho a la condena, una actitud que se contrapone sobre los derechos de la mujer en caso de violación, riesgos graves para la madre, malformaciones y otros motivos. La Iglesia se llegó incluso a resistir a la utilización de los preservativos pese al peligro que representaba el SIDA en el mundo. Fue otra batalla perdida.

Aún con estos frentes abiertos, anticoncepción y aborto, se enfrenta hoy en día a dos avances más de la ciencia que le causan gran preocupación: las células madres y la clonación.

Alegan que para obtener una célula madre se destruye el embrión y es como destruir una posibilidad de vida de un nuevo ser, que esta práctica es tan virulenta como el aborto. La realidad es que esto sólo sucede, en ocasiones, al obtener células madre embrionarias.

Hoy se pueden obtener células madre de todos los tejidos del cuerpo, de la médula por ejemplo, aunque tienen limitada su capacidad de diferenciación y regeneración de los órganos dañados. También existen las células madre conocidas como iPS (induced pluripotent stem) que se obtienen de la piel sometida a un proceso de reprogramación.

Salgan de donde salgan las células madre significan una preocupación para la Iglesia, ya que con ellas se pueden fabricar piezas humanas de repuesto, como se ha logrado al fabricar un intestino. O como el Centro Riken de Biología y del Desarrollo de Kobe, en Japón, ha generado en sus laboratorios ojos de cultivo a partir de células madre. ¿Es la pesadilla de *Blade Runner* y la construcción de «replicantes» casi humanos?

El problema es que en este tipo de investigaciones por más que se prohíban en Occidente, no se va a poder impedir que China, Japón o Rusia sigan investigando y avanzando en este terreno. Es evidente que los laboratorios de Occidente no van a querer quedarse relegados en una investigación punta por el hecho de que el Vaticano vea inquietudes morales.

En cuanto a la clonación la preocupación de la Iglesia no se produce cuando Craig Venter clona una oveja, aunque está sea una representación simbólica de la Iglesia, sino cuando Venter anuncia que intentará sintetizar una célula viva para patentar una forma de vida. ¿Cuál será el paso siguiente? ¿Crear un ser vivo?

Toda una nueva pesadilla para la Iglesia, un mal sueño, en el que el ser humano crea la vida y en otros casos descubre a través de los telómeros (las secuencias de ADN que se encuentran en los extremos de los cromosomas) que podría convertir al hombre en inmortal.

Contra estos avances la Iglesia y su oposición a los anticonceptivos y el aborto sólo han contado con el apoyo de voces intolerantes como las de un político republicano y senador de Estados Unidos que destacó en un momento de estupidez mental que «los embarazos provocados por una violación son algo que Dios quiere que pase». También ha contado la Iglesia con el apoyo de sus movimientos más fundamentalistas: Regnum Christi, Opus Dei y Camino Neocatecumenal, estos dos últimos protagonistas de manifestaciones y protestas, en algún caso acciones violentas que generan más descrédito entre los creyentes que simpatía.

Destaca a este respeto el biólogo Richard Dawkins que «hay personas que, por sus convicciones religiosas, piensan que el aborto es un asesinato y está preparadas para matar en defensa de los embriones».

El diálogo con los ateos

Los ateos representan en el mundo entre 1.000 y 1.200 millones de personas. Según la empresa Adherents había un 14% en el 2002, la BBC ha calculado un 17%, y Pew Center un 16%. Estas cifras habría que doblarlas si incluimos a aquellos que no tienen ninguna religión, pero albergan alguna creencia en algo, aunque sea animista o panteísta.

Hace tan sólo menos de un siglo los ateos tenían que ocultar su condición de no creyentes si querían disponer de un buen empleo y una consideración social. Destacaba Bertrand Russell que «la inmensa mayoría de los hombres eminentes intelectualmente no creen en la religión cristiana, pero ocultan este hecho en público, quizá porque temen perder sus ingresos». En algunos países, España por ejemplo, para obtener determinados permisos había que disponer de un certificado del sacerdote del barrio que no lo otorgaba si no se acudía el domingo a los ritos religiosos. Declararse ateo era como tener una enfermedad contagiosa.

¿Por qué este rechazo a los ateos? ¿Por qué esta discriminación? ¿Por qué esa intolerancia de la Iglesia contra los que no tienen ninguna creencias? Como dice Samuel Huntington el problema reside en que todos consideran que sólo su creencia es verdadera. El problema es la intolerancia.

Creo sinceramente que la moral humanista de los ateos supera la racionalidad y lógica religiosa. Los ateos no son diablos insensibles, tiene tanta moralidad como cualquier otro ser, además de un alto grado de humanismo y racionalidad. En lo que respeta a su justicia social, los ateos tienen un sentido más profundo y más ético. En las ciudades americanas cuya población atea es más elevada, la tasa de criminalidad es más baja. Los ateos son más tolerantes que la media de la población con las mujeres y homosexuales, también son menos racistas. Por otro lado se ha comprobado que los ateos tienen estudios más altos que la media de la población, de ahí que la mayoría de los científicos e investigadores sean ateos o se conviertan en ateos a medida que adquieren más conocimientos. Hemos visto, anteriormente, que de cada 1.000 científicos elegidos por la revista *Nature*, 930 son ateos.

¿Debe la Iglesia reconsiderar su postura de intolerancia con los ateos? ¿Por qué no puede existir un diálogo entre Iglesia y ateísmo? ¿Se puede prescindir de un colectivo de más de mil millones de personas? Tengo amigos que son fervientes creyentes, eso sí, poco practicantes, no nunca han dudado de la existencia de un Dios. Me relación con ellos, cuando abordamos el tema de la existencia de Dios, es respetuosa e incluso enriquecedora. Ni ellos tratan de convencerme a mí, ni yo trato de disuadirlos a ellos. Es el principio de la tolerancia que también tendría que existir entre la Iglesia y el ateísmo.

Mientras que las religiones sufren un serio retroceso en sus creyentes, el ateísmo y el laicismo experimentan un crecimiento de dos puntos cada cuatro años. Hoy la Iglesia católica está de moda, pero curiosamente Dios no está de moda en el pensamiento occidental desde hace un par de siglos.

DIEZ

Los servicios secretos del Vaticano

«Conocerás la verdad y la verdad os hará libres.»

Lucas 8:32
(Lema bíblico que utiliza la CIA.)

LA SANTA ALIANZA Y SODALITIUM PIANUM

Cuando le pregunte a una amigo del Centro Nacional de Inteligencia si el Vaticano tenía sus servicios secretos, no dudó en responderme: «Sí, y muy buenos». Me confirmaría que eran muy buenos por la sencilla razón que tenían agentes en todas las partes del mundo, una plantilla de sacerdotes siempre dispuestos a informar sobre lo que acaece en su lugar de estancia. Una plantilla de «agentes de campo» mayor que la de la CIA, el MI5 y el antiguo KGB juntos, sólo comparable al MOSSAD de Israel con todos sus judíos esparcidos por todos los lugares del mundo, dispuestos a colaborar con su país. Algo así como la Guardia Civil de España y su SIGC, Servicio de Información de la Guardia Civil, que disponía, en sus buenos tiempos, de un agente, número, en cualquier pueblo de España. Un agente que jugaba, en el bar del pueblo, al dominó con el farmacéutico o médico, el maestro y el cura, lo que le permitía conocer las peculiaridades de todos los habitantes de la población, saber quiénes eran de izquierdas o de derechas y quiénes eran adictos al régimen de entonces o sospechosos masones de aquella época de dictadura.

En la plaza de San Pedro, entrando a mano derecha, se encuentra el cuartel de la Guardia Suiza. Debajo, en sus laberínticos sótanos el servicio de espionaje papal con sus archivos secretos, y la unidad de códigos secretos conocida como Reparto Crittográfico. Todo el complejo es conocido como la Santa Alianza y su contraespionaje, el *Sodalitium Pianum,* ambos con un historial repleto de operaciones injustificables: financieras, políticas, revolucionarias e inmorales. Desde estos servicios se ha apoyado golpes de Estado, se han creado sociedades secretas, se ha realizado tráfico de armas, se ha ayudado a escapar a los criminales nazis, se han provocado quiebras y se han apoyado golpes de Estado. Toda una serie de actuaciones que el lector que quiera conocer más ampliamente, le recomiendo el brillante libro de Eric Frattino *La Santa Alianza. Cinco siglos de espionaje Vaticano.*[7]

En sus archivos secretos, conocidos como Archivo Secreto Vaticano, duermen en el olvido los entresijos secretos de la historia de nuestra civilización. Cartas comprometedoras, fotografías, historiales, perfiles, dossiers, toda una documentación que desataría orgasmos de placer en cualquier historiador al que le permitiesen realizar un amplio estudio de investigación. Otra versión de los hechos históricos, los interrogantes de muchos acontecimientos, la otra parte oscura de la historia no accesible a algunos mortales.

La Iglesia tiene tradición en el espionaje, un quehacer que está clasificado como la segunda profesión más antigua del mundo, ya que en el Antiguo Testamento se menciona la misión de los doce espías de Moisés y como Josué envía dos espías a la tierra de Jericó. En la profesión del espionaje, al hablar de los agentes dobles, siempre se pone el ejemplo de Jesús que sólo tenía doce hombres y uno se convirtió en un agente doble.

7. Editorial Espasa Calpe. 2004.

Recuerdo que cuando visité la Biblioteca Apostólica Vaticana, por invitación del entonces camarlengo, monseñor Martínez Somalo, me adjudicó un sacerdote guía para que me acompañase en su recorrido y me explicase lo más característico de este magno lugar de inmensos salones llenos de esplendor que albergan 1.600.000 libros y 8.300 incunables. Al margen está el Archivo Secreto, con 150.000 volúmenes más que están colocados en 65 kilómetros lineales de estanterías. Un archivo sólo accesible a historiadores de máxima confianza.

El sacerdote que me acompañaba me explicó que podía consultar cualquier libro de la biblioteca, siempre y cuando, estuviese disponible. Respecto a la documentación, quiero recordar que sólo podía tener acceso a aquella anterior a 1943, de esa fecha en adelante formaba parte de un material restringido que se encontraba en el Archivo Secreto. Le pregunté si podía acceder a este apasionante lugar, sólo con intención de verlo, y me respondió con una negativa amable sonrisa. Mucho menos podía acceder a los archivos de servicios secretos del Vaticano, de los que ni me negó, ni confirmó su existencia.

En el Vaticano se dice que todo lo que no es sagrado, es secreto. Lamentablemente han existido muchas actividades secretas. Algún día, en la historia de nuestra humanidad, tal vez aparezca un papa que decida permitir el libre acceso a toda esa documentación a los historiadores. Ese día podremos reconstruir la verdadera historia de la civilización, podremos conocer los entresijos que ocasionaron conflictos en el mundo, los acuerdos secretos pactados, las misteriosas muertes acaecidas. Sabremos que conversación mantuvieron Alí Agca y el papa en la celda del primero, y quién había detrás de aquel intento de magnicidio.

En los Archivos Secretos del Vaticano, existen documentos vergonzantes y comprometedores. Se sabe que está el texto que el obispo Alois Hudal escribió para presentárselo a Adolf Hitler y al papa Pío XII, un texto en el que presentaba diversos alegatos para conseguir la reconciliación entre la Iglesia católica y el régimen nacionalsocialista. El papa ordenó que fuera archivado en el Archivo Secreto Vaticano, donde duerme en el olvido, ya que este documento demostraba que Pío XII estaba al corriente de la llamada «Solución Final» sobre los asesinatos nazis y sus deportaciones masivas.

No cabe duda que en el Archivo Secreto Vaticano se guardan con celo las ayudas que prestó el Vaticano a los criminales nazis para huir de la Alemania ocupada. Casos como Josef Mengele el médico de Auschwitz; Klaus Barbie, el «carnicero de Lyon», Ante Pavelic, dictador croata; Erich Priebke, capitán de las SS; el general de las SS Hans Fischböck; o el famoso Adolf Eichmann. Criminales que se beneficiaron de la llamada «Operación Odessa» o «Pasillo Vaticano».

Otro documento innegable que está en el Archivo Secreto Vaticano es el referente a la muerte del papa Juan Pablo I. Está redactado por una comisión cardenalicia, dirigida por los cardenales Silvio Oddi y Antonio Samore, que habían concluido que su muerte había sido «una muerte natural por infarto», una muerte que desencadenaba muchas preguntas sin respuesta. Juan Pablo II ordenó la clasificación de «Secreto Pontificio» sobre el dossier de la investigación, y este histórico documento fue trasladado a un oscuro rincón del Archivo Secreto Vaticano.

El mismo caso corrió el dossier de la IOR, un asunto en el que habían muerto tres altos cargos de la Vigilanza vaticana, un hecho que quedó sin esclarecer, y en el que muchos medios informativos especularon en la estrecha relación que mantenía el Opus Dei o los masones con la logia vaticana. El secretario de Estado, entonces Angelo Sodano, con el visto bueno de Pablo II, selló toda la documentación relacionada con aquella trágica noche en la que tres personas perdieron la vida dentro de los muros del Vaticano y mandó que se custodiase en el Archivo Secreto Vaticano.

Otro tanto pasó con los hechos de la logia Propaganda Due, P2. Un asunto en que un periodista moría asesinado antes de una importante entrevista secreta con Licio Gelli; Michele Sindona fingía un secuestro que no impidió que, más tarde, fuese hallado muerto por una dosis de cianuro; Giorgio Ambrosoli, fiscal de los escándalos del IOR, moría asesinado, igual que el juez Emili Alessandrini; y que Calvi fuese hallado ahorcado en el puente de Blackfriars de Londres.

Hoy tal vez sepamos algo más del contenido de los papeles Vatileaks y lo que ha acontecido en las finanzas del IOR, así como las causas de la expulsión del director Ettore Gotti, hombre de Opus Dei. Un suceso que para muchos vaticanistas ha sido el detonante de la renuncia de Benedicto XVI. Posiblemente todo el dossier de este escándalo terminará, una vez más, en un oscuro rincón del Archivo Secreto Vaticano, para formar parte de un patrimonio histórico que los historiadores del futuro estudiarán y se preguntarán, con asombro, como todo estos hechos no trascendían a los ciudadanos del siglo XX y XXI.

EPÍLOGO

Este libro no es el final de una narración sobre los acontecimientos que han llevado a un nuevo papa al poder de Roma y los complejos problemas con los que se enfrenta en momentos en que la Iglesia sufre un fuerte descrédito y el mundo se ve inmerso en un crisis sin precedentes que lleva a la penuria millones de personas. Este libro es el comienzo de una nueva esperanza de que algo cambie en una de las instituciones más poderosas del mundo. Creo que, desde mi postura de no creyente y desde el cientificismo que practico, estoy en mi derecho para opinar sobre un acontecimiento de tan alta importancia como es la elección de un nuevo papa que influirá sobre 1.200 millones de personas en el mundo.

Hablo de esperanza en Francisco con la visión puesta en una modernización de la Iglesia que permita a creyentes y no creyentes dialogar y enfrentarse a los retos de un mundo nuevo, de una ciencia que realiza descubrimientos cada vez más extraordinarios, de un universo inconmensurable y del desarrollo de unas teorías científicas en todas las disciplinas que sobrepasan el entendimiento de la mayoría de los habitantes de este mundo. Pero para ello hay que poner a un lado las diferencias y las posturas conservadoras y dogmáticas, hay que olvidarse de aferrados dogmas infalibles y abrirse a la realidad pluricultural que nos rodea.

Muchos lectores se habrán sorprendido de que un no creyente hable de esperanza en un hombre de una institución en la que no cree en sus dogmas. Cuando al científico y ateo Carl Sagan le preguntaron si creía en Dios contestó: «Depende de lo que usted entienda por Dios», esta es sin duda una respuesta que puede iniciar un diálogo entre ciencia y religión. Cuando le dije a monseñor Tarancón que yo no era creyente me dijo: «No te preocupes, hijo, siempre se acaba creyendo en algo», después mantuvimos una de las conversaciones más interesantes que recuerdo, en la que le llegué a contarle aquel chiste de los dos peces que están en una pecera redonda de cristal, como las que se colocaban sobre un mueble, y uno le pregunta al otro: «¿Tú crees en Dios?», y el otro le responde: «Claro que sí, ¿quién crees tu que nos cambia el agua cada día?» .

Un día, hace años, le fui a protestar a un buen amigo ex sacerdote por el papeleo burocrático que me estaba ocasionando la Iglesia a raíz de mi anulación matrimonial, y le reproché que yo, que había firmado un contrato con la Iglesia tenía innumerables dificultades para romperlo, y él que había firmado un contrato con Dios, lo había cancelado, se había salido de la Iglesia y se había casado. Me miró, sonrió y me dijo: «Es que yo sólo he tenido que dar explicaciones a Dios, tú te estas enfrentando con sus representantes y picapleitos».

El nuevo papa Francisco puede transformar la Iglesia o dejarla anquilosada como está, puede abrirla al mundo o mantenerla en su oscuros hermetismos, puede seguir con su opulencia o convertirla en una ayuda para todos los necesitados del mundo. Lo que no puede es dejarla en el pasado frente a un mundo que evoluciona hacia un futuro indescriptible cada vez más lejano de sus creencias.

Permita el lector unas reflexiones sobre lo que podría ser una nueva Iglesia, sin ánimo de ningún tipo de imposición. Sólo con el ánimo de abrir un camino que ya han marcado muchos teólogos que hasta ahora han sido marginados y enmudecidos.

La Iglesia precisa reencontrar sus orígenes que están en la lucha contra la pobreza, la enfermedad y los marginados. Aceptar la libertad de conciencia y retornar a la sencillez evangélica. El papa debe despojarse de sus privilegios de ser también jefe de Estado, se debe convertir en un líder espiritual elegido por todos los sacerdotes del mundo y no por una curia envejecida y politizada. Y muy especialmente, si quiere dialogar con la ciencia y las otras creencias debe olvidarse del incongruente don de la infalibilidad del que carecían los antiguos patriarcas.

Una Iglesia moderna no puede tener un celibato obligatorio, ni una prohibición a que las mujeres ejerzan el ministerio sacerdotal. Tampoco puede imponer sus criterios en los aspectos de libertad sexual. Debe respetar las costumbres y tradiciones de todos los pueblos e iniciar un diálogo interreligioso con otras creencias.

Debe centrarse en la defensa de los derechos humanos y la dignidad de todos los seres humanos. Debe trabajar en la búsqueda de la paz mundial de una forma efectiva y no sólo con palabras. No debe interceder en los avances de la ciencia, permitiendo que esta se desarrolle en todas sus disciplinas sin límites ni fronteras.

Y precisa, muy especialmente, convocar con urgencia un nuevo concilio ecuménico en el que están presentes todas las comunidades cristianas, todas las confesiones religiosas y todos los teólogos que quieran participar expresando su opinión.

APÉNDICE

Religiosos en el mundo

Un estudio de *Pew Forum on Religion & Public-Life*, daba las siguientes cifras sobre las creencias de los habitantes del mundo. Estas cifras no indican que todos los que se declaran de una determinada religión sean practicantes, muchos sólo dicen ser católicos pero nunca van a misa, ni rezan, ni siguen esa religión.

- Cristianos: Son el 31,5 % de la población mundial. Es decir, 2.200 millones, de los cuales el 50% son católicos, el resto son ortodoxos, protestantes, evangelistas, luteranos, coptos, calvinistas, metodistas, batistas, etc.
- Musulmanes: Son el 23,2% de la población mundial. Es decir, 1.600 millones, divididos en chiíes, suníes, kurdos, etc.
- Hinduistas: Son el 15%, unos 1.000 millones, divididos en incontables grupos y creencias.
- Budistas: Son el 7,1% de la población, unos 500 millones, también divididos en diferentes creencias. (Otras cifras calculan en 700 millones los budistas.)
- Animistas: Alrededor de 5,9%, unos 400 millones.
- Taoístas, sintoístas (existen cifras que estiman los sintoístas en 110 millones), parsis, sijs (existen cifras que estiman en 27 millones) y janaistas, representan el 0,8%, unos 58 millones.
- Judíos: El 0,2%, unos 14 millones.

Cifras del catolicismo en los diversos lugares del mundo

Según Pew Center los católicos son mayoría en Latinoamérica y el Caribe, zonas donde viven el 39% de estos creyentes.

En África subsahariana la cifra es de un 16%, y en la región del Pacífico asiático representa un 14%. En Norteamérica Pew Center da una cifra estimativa de 8%. Finalmente en Oriente Próximo no llegan al 1%.

De los 75 millones de católicos estimados en Estados Unidos, 22,2 millones son inmigrantes. Principalmente de Latinoamérica y México.

En Latinoamérica los países con más católicos son Brasil un 11% y México con el 8,9%.

CREDIBILIDAD EN LAS INSTITUCIONES

El último barómetro de confianza institucional en España, publicado por *El País* el 7 de abril de 2013, en un sondeo realizado a 3.000 personas, destaca en un lista de 41 instituciones que las que tienen más creencia los españoles son los científicos con 90 puntos, seguido de los médicos también con 90 puntos. En el noveno lugar están las universidades. Los curas de parroquias ocupan el lugar 26, y no aprueban ya que obtienen 46 puntos sobre cien. La Iglesia ocupa el puesto número 31, con 35 puntos sobre cien. Los obispos, el lugar número 35 con 20 puntos sobre cien. Finalmente los bancos ocupan el lugar 39 y los políticos el último lugar, el número 41, con 6 puntos sobre cien.

EL DECLIVE EN ALEMANIA

Alemania, uno de los países más prósperos de Europa con índices de cultura más altos, sufre uno de los descalabros más fuertes entre sus creyentes. Mientras que los musulmanes siguen creciendo en esta país —se calcula existen unos tres millones—, católicos y anglicanos sufren terribles pérdidas que les obligan a cerrar y vender sus templos.

El Arzobispado de Berlín tiene en venta 170 templos por falta de uso y carencia de fieles católicos. La Conferencia Episcopal alemana destaca que en 2011 la Iglesia católica perdió más de 126.000 fieles y hubo que cerrar 400 templos. Lo peor es que las perspectivas no son mejores, ya que se calcula que en los próximos diez años 700 iglesias se dejarán de utilizar por falta de creyentes.

Con respecto a la Iglesia evangélica las cosas tampoco marchan bien, ya que esta institución tiene problemas de financiación y, entre 1990 y 2010 tuvo que clausurar 340 templos por el abandono de 150.000 fieles.

ALGUNAS CIFRAS ESTIMATIVAS EN ESPAÑA

Las cifras españolas apuntan unos 32.000.000 de católicos, cifra extremadamente abultada que no corresponde con la realidad, ya que los practicantes, aquellos que van a misa, no superan la cifra de 6 millones.

Las parroquias en España ascienden a 32.000. Una media elevada de 200 personas practicantes por parroquia nos daría una cifra de 6.400.000. Cifra que se aproxima bastante a los datos del Centro de Investigaciones Sociológicas (CIS), que estima que un 80% de la población española se declara católica, pero sólo un 20% practicante, unos 7.500.000. Para la Conferencia Episcopal Española los católicos que acuden a misa los domingos eran 10 millones en 2005. Al margen hay que considerar unos 600.000 cristianos ortodoxos. 1.200.000 evangelistas con 2.000 lugares de culto.

Se toma la cifra de 200 personas por parroquia considerando que la mayor parte de estas están ubicadas fueran de las grandes ciudades y apenas concentran una treintena de practicantes semanalmente. Al margen de que muchas de ellas carecen de un párroco fijo, y tienen que conformarse con compartirlo entre varios pueblos.

En lo que respecta a otras creencias, existen un millón de fieles musulmanes con 400 mezquitas. También existen alrededor de una docena de tarikas y 6.000 sufíes.

LAS CUENTAS DEL CATOLICISMO ESPAÑOL

El Estado español aportaba en 2006 a la Iglesia de España, 5.057 millones de euros, de los que sólo 150 millones de euros precedían del IRPF, hoy está última cifra es de alrededor de 200 millones de euros.

Las aportaciones económicas del Estado en 2006 eran en euros y anualmente las siguientes:

· Dotación anual según el IRPF .... 150 millones.
· Subvenciones Estado a centros privados ... 3.200 millones.
· Salario a profesores de religión .... 517 millones.
· Subvención para organizaciones sociales ...... 90 millones.
· Centros de caridad .... 60 millones.
· Capellanes castrenses .... 30 millones.
· Mantenimiento patrimonio Iglesia .... 200 millones.
· Actuaciones urbanísticas .... 60 millones
· Desgravaciones y exenciones fiscales .... 750 millones.
Total.. 5.057 millones.

En 2006 la Iglesia tenía el siguiente patrimonio en España:

· Parroquias 22.960
· Catedrales 103
· Monasterios 961
· Museos 280

· Hospitales 107
· Ambulatorios 128
· Residencias 876
· Orfanatos 937
· Guarderías 321
· Reeducación 365
· Caridad 144
· Otros 305
· Jardines de infancia 2.129
· Centros de enseñanza 5.197

Según *Público.es,* de mayo 2011, la Iglesia española recibe al año más de 10.000 millones de euros de las arcas públicas. Esto revelaría que desde 2006 esta cifra se ha doblado, ya que ha pasado de 5.057 millones a más de 10.000 millones de euros. Las cuentas de 2011 corresponderían a los siguientes conceptos:

· Profesores y conciertos .... 4.600 millones.
· Atención sanitaria .... 3.200 millones.
· Funcionarios .... 26 millones.
· Monumentos .... 500 millones.
· Eventos locales .... 290 millones.
· Jornadas juventud .... 60 millones.
· Asignación IRPF .... 249 millones.
· Otras funciones .... 80 millones.
· Sin impuestos .... 1.000 millones.
Total .... 10.005 millones.

CIFRAS DE ATEOS Y SIN PROFESIÓN DE RELIGIÓN

Es difícil calcular con exactitud la cifra de ateos, por lo que recurriremos a diferentes agencias estadísticas en las que veremos que hay diferencias pero no muy significativas. Los cálculos son incompletos y realizados de diferentes formas.

En EE.UU. un 41% de la población parece que asiste a servicios religiosos, cifra que en Francia sólo llega a un 15% y en Gran Bretaña al 7%. Estos datos orientativos se materializan en Europa con un 18% de ateos, de los cuales el 37% pertenecen a Francia, un 30% son Checos, un 27% Bélgica y otro 27% en Holanda.

Según Gallup en 57 países estudiados dieron como resultado un 13% de ateos, y un 23% de no religiosos.

Según Adherents, en 2002 había un 14% de ateos en el mundo; y según la BBC, 2004, esa cifra era del 17% de ateos. Para el *think tank* estadounidense Pew Center, el 16,3% de la población mundial no se identifica con ninguna de las religiones existentes.

Según estudios del Departamento de Juventud en la CEE, y cifras presentadas en el Congreso Nacional Pastoral Juvenil el 50% de los jóvenes dicen no creer en Dios.

En Estados Unidos los ateos representan el 2,3% de la población y un 11,7% que no profesa ninguna religión. Algunas estadísticas admiten que en EE.UU. existen 37 millones de ateos.

Estudios realizados entre científicos de Estados Unidos revelan unas cifras muy elevadas de ateísmo. Así entre mil científicos elegidos al azar el 67% de esos mil eran ateos, es decir 670. El resto se movía entre los que no profesaban ninguna religión y los creyentes.

Entre los ateos más importantes del mundo, algunos ya fallecidos, tenemos a Woody Allen, Joseph Campbell, Charles Chaplin, Darío Fo, Leo Bassi, Charles Darwin, Richard Dawkins, Albert Einstein, Sigmund Freud, Stephen Hawking, Robert Heinlin, Tomás Jefferson, Friedrich Nietzsche, Karl Marx, Carl Sagan, George Bernard Shaw, Bertrand Russell, Stephen Jay Gould, H. G. Wells, Noam Chomsky, James Watson, Bradt Pitt, Isaac Asimov, Daniel Dennet, Steven Pinker, James Watson,

Christopher Hitchens, Harod Bloom, André Comte-Sponville, José Saramago, etc.

Entre los ateos españoles declarados tenemos a Fernando Savater, Joaquín Trincado, Javier Krahe, Pancho Varona, José Miguel Monzón (Gran Wyoming), Miguel Ríos, Alex de la Iglesia, Eduard Punset, etc.

ORGANIGRAMA DEL VATICANO

- Secretario de Estado.
- Secretario de Relaciones con los Estados (realiza la función de un ministro de exteriores).
- Consejo de los Cardenales y Obispos (órgano consultivo restringido).
- Sustituto de Asuntos Generales (realiza la función de ministro de Interior).
- Camarlengo (realiza la gestión administrativa ordinaria en ausencia del papa).
- Colegio Cardenalicio (incluye todos los cardenales).

Al margen existen nueve Congregaciones: Doctrina de la Fe; Iglesias Orientales; Clero; Culto Divino y Disciplina de los Sacramentos; Instituto de la Vida Consagrad; Causas de los Santos; educación Católica; Obispos; Evangelización de los Pueblos.

Dos Tribunales: Rota Romana (tribunal de apelación) y Signatura Apostólica (Tribunal Supremo).

BIBLIOGRAFÍA

Alonso Fernández-Checa, J. Felipe. *Diccionario de sectas, creencias y religiones,* Editorial Master, 1994, Madrid.

Anónimo. *La Santa Biblia. Antiguo y Nuevo Testamento,* versión de Casiodoro de la Reina, revisada por Cipriano de Valera, SBAL, 1960.

Anónimo. *Biblia del Oso,* traducción de Casiodoro de la Reina, (siglo XVI) Muchnik Editores, 1998, Barcelona.

Ballester, Rafael. *Historia de los papas,* Editorial Bruguera, 1972, Barcelona.

Barbour. I. G. *religión y Ciencia,* Editorial Trotta, 2004, Madrid.

Bergoglio, Jorge. *El verdadero poder es el servicio,* Publicaciones Claretianas, 2007, Buenos Aires.

Bergoglio, Jorge. *Sobre el cielo y la tierra,* Editorial Debate, 2010, Madrid.

Bergoglio, Jorge. *Mente abierta, corazón creyente,* Publicaciones Claretianas, 2012, Buenos Aires.

Blaschke, Jorge. *Los grandes enigmas del cristianismo,* Ediciones Robinbook, 2000, Barcelona.

Blaschke, Jorge. *Enciclopedia de las creencias y religiones,* Ediciones Robinbook, 2003, Barcelona.

Blaschke, Jorge. *Vendiendo a Dios. Los mercaderes del espíritu,* Volter confrontación, 2004, Barcelona.

Blaschke, Jorge. *Jesucristo o la historia falsificada,* Ediciones Robinbook, 2005, Barcelona.

Blaschke, Jorge. *El último papa y el fin de la Iglesia,* Ediciones Robinbook, 2005, Barcelona.

Blaschke, Jorge. *La ciencia de lo imposible,* Robinbook, 2012, Barcelona.

Blaschke, Jorge. *Los gatos sueñan con física cuántica y los perros con universos paralelos,* Robinbook, 2012, Barcelona.

Blondiau, Helibert. *El asesinato del banquero de Dios,* Ellago Ediciones, 2003, Castellón.

Bloom, Harold. *Jesús y Yahvé,* Ediciones Taurus, 2006, Madrid.

Chaptepie de la Saussaye. *Manuel d'Histoire des Religions,* Librairie Armand Colin, 1904, París, Francia.

Chevalier, Jean. *Les Religions.* Centre d´Etudes et de Promotion de la Lecture, 1972, París, Francia.

Comte-Sponville, André. *El alma del ateísmo. Introducción a una espiritualidad sin Dios,* Paidós, 2006. Barcelona.

Dawkins, Richard. *El espejismo de Dios,* Espasa Calpe, 2007, Madrid.

Delumeau, Jean, *El hecho religioso.* Alianza Editorial, 1995, Madrid.

Diez de Velasco. Francisco. *Introducción a la Historia de la Religiones,* Editorial Trotta, 1995, Madrid.

Downing, Christine. *La Diosa,* Editorial Kairós, 1998, Barcelona.

Dunn Mascetti, Manuela. *Diosas,* Editorial Robinbook, 1998, Barcelona.

Eliade, Mircea. *Diccionario de las Religione,* Paidós, 1994, Barcelona.

Eliade, Mircea. *Historia de las creencias y de las ideas religiosas,* Herder, 1996, Barcelona.

Eliade, Mircea, *History of Religions*, Chicago University Press, 1959, Chicago, USA.

Fernandez-Rañada, Antonio. *Los científicos y Dios, Editorial Trotta,* 2008, Madrid.

Filoramo, Giovanni, *Diccionario Akal de la Religiones*, Ediciones Akal, 2001, Madrid.

Frattini, Eric. *La Santa Alianza,* Espasa Calpe, 2004, Madrid.

Geddes & Grosset. *Enciclopedia de la Biblia,* Ediciones Robinbook, 1999, Barcelona.

Gómez Borrero, Paloma. *De Benedicto a Francisco, El Cónclave del cambio,* Editorial Planeta, 2013, Barcelona.

Grigorieff, Vladimir. *El Gran libro de las religiones del mundo,* Robinbook, 1995, Barcelona.

Guerra, Manuel. *Historia de las religiones,* Ediciones Universidad de Navarra, 1980, Pamplona.

Haag, H; Van der Born, A; de Ausejo, S. *Diccionario de la Biblia.* Editorial Herder, 1987, Barcelona.

Haisch, Bernard. *La teoría de Dios,* Gaia Ediciones, 2007, Madrid.

Hitchens, Christopher. *Dios no es bueno,* Debate, 2008, Barcelona.

Kirsch, Jonathan. *Dios contra los Dioses,* Ediciones B, 2006, Barcelona.

Küng, Hans. *¿Infalible? Una pregunta,* Herder, 1971, Barcelona.

Küng, Hans. *La mujer en el cristianismo,* Trotta, 2002, Madrid.

Küng, Hans. *Islam,* Trotta, 2006, Madrid.

Küng, Hans. *Memorias I y II.* Trotta, 2009, Madrid.

Küng, Hans. *Lo que yo creo.* Trotta, 2011, Madrid.

Lenoir, Frédéric. *La metamorfosis de Dios,* Alianza Editorial, 2003, Madrid.

Markale, Jean. *Los rebeldes de Dios,* Editorial Ateneo, 2006, Buenos Aires (Argentina).

Onfray, Michel. *Tratado de ateología,* Anagrama, 2006, Barcelona.